AF819671

DIE

# ANFECHTBARKEIT DER VERTRÄGE

FÜR DAS

# VERMÖGEN EINES DRITTEN.

---

EINE CIVILRECHTLICHE ABHANDLUNG

VON

**DR. RUDOLF LEONHARD,**

O. Ö. PROFESSOR DER RECHTE IN MARBURG.

LEIPZIG,

VERLAG VON VEIT & COMP.

1892.

Von demselben Verfasser erschienen im unterzeichneten Verlage:

**Rechtsfälle zum vergleichenden Studium des römischen Rechts und des preußischen Landrechts.** 8. 1887. geh. 1 *M* 60 *Pf*

**Roms Vergangenheit und Deutschlands Recht.** Ein Überblick über die Geschichte des römischen Staates in ihrem Zusammenhange mit dem gegenwärtigen Rechtsleben. gr. 8. 1889. geh. 3 *M* 50 *Pf*

**Die Universität Bologna im Mittelalter.** Vortrag. 8. 1888. geh. 1 *M*

Leipzig. **Veit & Comp.**

Druck von Metzger & Wittig in Leipzig.

# RUDOLF VON IHERING

ZUM

6. AUGUST 1892

IN DANKBARKEIT UND VEREHRUNG

VOM VERFASSER ÜBERREICHT.

# Vorwort.

Ein Werk, das des Festes würdig wäre, welchem die folgende Abhandlung gewidmet ist, vermag ich nicht zu schreiben. Eine Arbeit, die sich ihm wenigstens nach ihrem Umfange anzupassen suchte, habe ich seit einigen Jahren in Angriff genommen, konnte sie jedoch nicht zur rechten Zeit vollenden, durch unvorhersehbare Amtsgeschäfte behindert. Und doch wollte ich an diesem Tage unter den Verfassern der Festgaben nicht fehlen, da ich mich einen Schüler des Jubilars und einen aufrichtigen Bewunderer seiner Werke und seiner Ziele nennen darf und dem Vertrauen, das er einstmals mir, dem Unbekannten, schenkte, meine Berufsstellung verdanke. So wage ich mich denn mit einer Abhandlung hervor, bei der das *„nonum prematur in annum“* getreulich beobachtet worden ist. Hält der Leser auch diese Frist für allzu kurz bemessen, so mag er den vorzeitigen Abschluss der Arbeit aus der guten Absicht des Verfassers erklären.

Marburg, Juni 1892.

**Leonhard.**

Unter den mancherlei guten Kämpfen, welche neuerdings um das Recht geführt worden sind, ist wohl einer der besten der Streit wider „den Cultus des Logischen, der die Jurisprudenz zu einer Mathematik des Rechts hinaufzuschrauben gedenkt". In dieser Fehde wurde auf juristischem Boden ein Vermächtniss vollstreckt, welches Kant für alle Wissenszweige hinterlassen hat und an welches zu erinnern noch jetzt nicht überflüssig ist. Gleichsam, als habe sie juristische Missgriffe vorausgesehen, welche erst nach ihrer Zeit um sich greifen sollten, um dann mit Mühe wieder beseitigt zu werden, bemerkt die Kritik der reinen Vernunft in der Einleitung zur transcendentalen Logik da, wo sie die allgemeine Logik in Analytik und Dialektik eintheilt, dass niemand blos mit der Logik wagen darf, „über Gegenstände zu urtheilen und irgend etwas zu behaupten, ohne von ihnen vorher gegründete Erkundigung ausser der Logik eingezogen zu haben". Ebenda wird die sophistische Kunst, welche „jene allgemeine Logik, die blos ein Kanon zur Beurtheilung ist, gleichsam wie ein Organon zur wirklichen Hervorbringung, wenigstens zum Blendwerk, von objectiven Behauptungen" missbraucht, als eine „Logik des Scheins" gekennzeichnet.

Als Rufer im Streite wider diese Logik des Scheins darf freilich nur derjenige auftreten, welcher in dem wahren Herrschaftsgebiete der Logik, in der Kunst, sie als Kanon zur Auflösung von Begriffsverwirrungen zu verwerthen, Meisterstücke geliefert hat. Ein solches soll dem Nachfolgenden zum Ausgangspunkte dienen, es ist der Begriff des „Gehülfen" bei Geschäftsabschlüssen. Er ist von Ihering mitten in eine der verworrensten Lehren hineingestellt worden,[1] wohlbepanzert mit einem verständ-

[1] Dogm. Jahrb. Bd. I S. 275.

lichen, der römischen Redeweise[1] angepassten Namen. Durch ihn allein vermögen die Rechtslehrer als Priester des Deus Terminus die so oft abgesteckte und immer wieder verrückte Grenzlinie zu ziehen, welche das Stellvertretungsgeschäft von dem sogenannten Vertrage zu Gunsten eines Dritten absondert.

Die Rechtssätze, welche diese beiden Verkehrsformen betreffen, haben eine wahrhaft unheimliche gegenseitige Anziehungskraft, welche sie im Kopfe des Richters wie des Exegeten zu einem unklaren gährenden Gemische zu verschmelzen droht. Schon die Dogmengeschichte dieser Rechtszweige, wie sie Buchka[2] entworfen und Gareis[3] näher ausgeführt hat, lässt uns in die Augen springen, dass es sich hier um Gedanken handelt, welche nur allzu leicht bei einander wohnen.[4]

Dass auch neuerdings dieser Uebelstand noch nicht aus der Welt geschafft worden ist, ist bekannt. Bekanntlich rechnete der höchste preussische Gerichtshof die Verträge, in denen der Ausgedinger sich von seinem Sohne als dem Gutsnachfolger Vortheile für dessen Geschwister versprechen lässt, zu den Vertretungsfällen,[5] während die juristischen Schriftsteller sie fast ausnahmslos den Abreden zu Gunsten Dritter zuzählen.[6] Wenn so auf den Höhen der juristischen Denkkraft über diese Erscheinungen Zweifel herrschen, wie dunkel gestaltet sich dann erst die Begriffsbildung in dem Kopfe des Anfängers und in den Lehrbüchern, deren Formeln oft genug in Folge ihrer Unklarheit einem caudinischen Joche gleichen, unter welches widerstrebende Rechtsjünger ihre natürliche Denkweise hinunterdrücken müssen. Ein Heilmittel gegen Verwirrung sieht man auch hier gewöhnlich in einem festen Worte, das man den scharfsinnigen Ausführungen Unger's entnommen hat.[7] Es lautet: „Der Vertreter schliesst ein fremdes Geschäft ab, der Empfänger einer Zusage für einen Dritten ein eigenes.“ Wem diese Wendung genügt, der mag sich mit ihr zufrieden geben; denn man kann sich bei ihr allerdings etwas

[1] L. 15 dig. de const. pec. 13,5.

[2] Die Lehre von der Stellvertretung bei Eingehung von Verträgen. Rostock und Schwerin 1852. S. 121 flg.

[3] Die Verträge zu Gunsten Dritter. Würzburg 1873. S. 51.

[4] Vgl. hierüber Heimbach in Weiske's Rechtslexikon. Bd. 12 S. 829.

[5] Vgl. hierzu Eccius, preuss. Privatrecht. 6. Aufl. I S. 432 flg.

[6] Vgl. auch die Ausführungen Windscheid's gegen Gareis in des ersteren Pandektenlehrbuch. 7. Aufl. § 316 Anm. 7a.

[7] Dogm. Jahrb. Bd. 10 S. 61.

Richtiges denken, freilich aber auch, wie namentlich Zimmermann[1] nachgewiesen hat, ebenso gut etwas Falsches. Nicht in ihrer Unrichtigkeit liegt ihr Mangel, sondern in ihrer Unbestimmtheit. Was fremde und eigene Sachen sind, was fremde und eigene Rechte, dass weiss jeder, wer aber von fremden und eigenen Rechtsgeschäften spricht, der wendet Ausdrücke an, welche genau ebenso bildlich sind, wie der Gedanke eines Eigenthums an Rechtsgeschäften, der ihnen zu Grunde liegt. Fremd kann ich ein Geschäft dann nennen, wenn es mich nicht berührt. Da nun aber ein jeder Vertrag die Betheiligten auf zwei Arten berühren kann, einmal durch ihre Theilnahme an dem Vertragsschlusse und zweitens durch die rechtlichen Folgen dieses Vertragsschlusses, so kann uns auch ein Vertrag in doppelter Hinsicht fremd sein. Zunächst dadurch, dass wir bei seinem Abschlusse weder Hand noch Zunge gerührt haben. In dieser Hinsicht sind aber auch die Verträge, welche wir als Vertreter abschliessen, nicht fremde, sondern eigene. Andererseits kann uns ein Vertragsschluss, welchen wir selbsthandelnd zu Stande bringen, in seinen rechtlichen Folgen fremd bleiben und in diesem Sinne schliesst nach heutigem Rechte der Vertreter keinen eigenen Vertrag ab, sondern einen fremden, da sich nach Ihering's treffendem Worte bei seiner Thätigkeit Ursachen und Folgen des Vertragsschlusses von einander trennen.[2] Wer somit das Geschäft des Vertreters ein fremdes nennt, redet nicht genau. Das Gleiche gilt auch von der verbreiteten Lehre, dass der Vertreter nicht im eigenen Namen handelt, welche auch in die Motive des Entwurfes[3] übergegangen ist. Auch dieses „Handeln in fremdem Namen“ ist nur ein anderes Wort für das Erkennungsmerkmal des Vertreters, nicht aber eine deutliche Schilderung dieses Merkmals.

Die Aufgabe, innerhalb der halbwahren herrschenden Lehre den guten Kern von den Schlacken der Ungenauigkeit auszusondern, haben sich auch die Verfasser des Entwurfes eines bürgerlichen Gesetzbuchs für das Deutsche Reich erspart, indem sie nicht ohne Grund darauf verzichteten, in dem Rahmen der befristeten Codificationsarbeit die Frage zu lösen, welche die Wissenschaft im freien, dauerndern Fortschreiten nicht zur allgemeinen Zufrieden-

---

[1] Die Lehre von der stellvertretenden *negotiorum gestio.* Strassburg 1876. S. 67.

[2] Geist des röm. R. III. § 53 bei Anm. 225. 4. Aufl. S. 176.

[3] Bd. II. S. 265. Ebenso Windscheid, Pand. § 316a. Anm. 1.

heit zu erledigen gewusst hatte. Hiernach scheint es zweifelhaft, ob es sich lohnt, die aufgeworfene Frage in einer Zeit zu erörtern, welche ihre volle Theilnahme dem Gesetzgebungswerke zuwendet. Vielleicht wird es sogar ungewiss scheinen, ob sie überhaupt zu dem Inhalte des Entwurfes in eine Beziehung gebracht werden kann. Wiederholt ist behauptet worden, dass die Begriffsbestimmungen der Rechtslehre zu den Aufgaben zu rechnen, sind, welche ein Gesetzgeber, und sei er noch so gewaltig, durch sein Commandowort ebenso wenig beeinflussen kann, wie die richtige Lösung eines Rechenexempels oder die Erklärung eines Naturschauspieles. Allein diese Geringschätzung der irdischen Herrschergewalt ist in Wahrheit unbegründet. Auf dem Rechtsgebiete ist der Inhalt und der Ausgangspunkt der Begriffsformel nicht, wie bei den Aufgaben der Mathematik und der Physik, von der Natur gegeben, sondern er muss aus einem geschichtlichen Stoffe zurechtgeknetet werden. Diesen aber zu begründen und zu zerstören ist der Gesetzgeber allerdings in der Lage. Dabei hängen freilich alle seine Anordnungen an vorausgesetzten Begriffen. Wenn z. B. die Verfasser des Entwurfes die Stellvertretungen an einer ganz anderen Stelle behandeln als die „Versprechen der Leistung an einen Dritten“ und sie mit ganz anderen Vorschriften ausstatten, so muss ihnen dabei ein Gedankenbild vorgeschwebt haben, in welchem diese beiden Gruppen von Erscheinungen sich sonderten. Wer ihr Werk erläutern will, muss sich bemühen, diese ihre unausgesprochene Vorstellung in Worte einzukleiden, und das Gleiche liegt denen ob, die das frühere Recht deuten wollen. Darum können wir unsere Frage durchaus auf den geschichtlichen Boden stellen und von dem gemeinen Rechte zu den Sätzen des Entwurfes vordringen.

Wenden wir uns zunächst dem gemeinen Rechte zu:

Wir wissen dass hier die Grenzen des Stellvertretungsgebietes, nicht blos nach der Seite der Abreden zu Gunsten Dritter unsicher sind, sondern nicht minder nach einer anderen Richtung, nämlich gegenüber der „Botschaft“, welche die Juristenwelt (mit wenigen bekannten Ausnahmen) seit Azo's Zeit zu ihr in den schärfsten Gegensatz stellt.[1] Die Unterscheidung zwischen dem Boten und dem Vertreter erweckt freilich nur allzu leicht die irrige Vorstellung, als ob diese beiden Formen alle Arten einer Mitwirkung an Vertragsschlüssen, die im Namen eines anderen geschehen

[1] Summa in Cod. IV. 50. n. 1.

sollen, erschöpfen. Insoweit man dies annahm, liess man eine Lücke unausgestopft; denn es giebt Personen, die für unser Vermögen an Vertragsschlüssen mitarbeiten, ohne Boten und ohne stellvertretende Rechtserwerber zu sein. Der Notar (und ebenso der Amtsrichter), welcher für unbeholfene Parteien in einer verwickelten Lage, z. B. bei einer Erbtheilung, einen brauchbaren Vertragsinhalt aussinnt und zur Unterschrift vorlegt, arbeitet sicherlich am Geschäftsabschlusse mit und doch ist er weder *nuntius* noch *procurator*. Eine sehr häufige Hülfsperson bei Vertragsabschlüssen ist ferner der Erklärungsempfänger, welcher die Aeusserung der anderen Partei für seinen Herrn entgegennimmt, so z. B. wenn sie in der Form eines Briefes in dessen Wohnung oder dessen Laden an einen Dienstboten oder Gehülfen abgegeben wird. Wie man den Boten einen lebenden Brief genannt hat,[1] so könnte man einen solchen Geschäftsvermittler einen lebendigen Briefkasten nennen. In gleicher Lage ist der Dolmetscher, mit dessen unentbehrlicher Beihülfe ein Ausländer im Inlande Einkäufe macht oder sonstige Geschäfte abschliesst. Er ist weder ein Bote, noch ein stellvertretender Erwerber. Wohl aber passt auf alle diese Nebenpersonen ein Pandektenausdruck, welcher gelegentlich zu der Stellvertretung in Gegensatz gebracht wird[2] und sich vortrefflich verdeutschen lässt, das *„alieno contractui ministerium praestare"*, zu deutsch: „Die Beihülfe zu einem fremden Vertragsschlusse", ein Ausdruck, auf welchen namentlich Ihering hingewiesen hat.[3] Der Geschäftsabschlussgehülfe oder kürzer der Geschäftsgehülfe, dies ist der richtige Gegensatz zum Stellvertreter im Vertragsabschlusse und zwar ist dieser Begriff so allgemein, dass er nicht blos den Boten umschliesst, sondern auch den Verfertiger des Geschäftsinhalts, den bevollmächtigten Empfänger der Erklärung, welche den Vertrag vollendet, den Dollmetscher bei einer Abrede zwischen Angehörigen verschiedener Sprachgebiete, also überhaupt alle diejenigen, welche dem Vertrage eines anderen zur Giltigkeit verhelfen, ohne dass sie stellvertretende Erwerber des ausbedungenen Rechtes sind und ohne dass, was die Hauptsache ist, die Vorschriften über Stellvertretung auf sie angewandt werden dürfen.

---

[1] So Azo a. a. O. *Nuncius est is qui vicem gerit epistulae.*

[2] L. 15. dig. de pec. const, 13, 5.

[3] Dogm. Jahrb. Bd. I. 5, 275. Ebenso Unger, System des österr. allg. Privatrechts II. § 90 A. Dernburg, Pand. I. § 117, 3. Aufl. S. 273 u. A.

Wann sind nun aber diese Vorschriften anzuwenden? Mit Recht hebt Windscheid[1] hervor, dass auch blosse Gehülfen eines Vertragsschlusses, namentlich Boten, in gewissem Sinne Vertreter genannt werden können, weil das Wort „Vertreter“ in der Redeweise des Volkes weiter reicht, als die besonderen Rechtsvorschriften über Vertretung. Nach einem festen deutschen Sprachgebrauche vertritt mich jemand in jeder Handlung, welche er mir erspart, indem er sie selbst vornimmt. Die Vornahme einer Handlung, welche einem anderen die gleiche Handlung erspart, ist das Erkennungsmerkmal des Vertreters. Wenn ich selbst irgend eine Handlung vorgenommen habe, z. B. einen Vertrag unterschrieben einen Besitz ergriffen, meine Schuld bezahlt habe, so würde meine Vertretung in eben und demselben Geschäfte durch einen anderen undenkbar sein, der Vertreter würde post festum kommen. Man kann daher sehr wohl sagen: Den Vertreter erkennt man nicht daran, was er selbst thut, sondern daran, was sein Herr in Folge seiner Handlung nicht zu thun braucht. Mit Recht bemerkt Mitteis:[2] „Schon nach dem natürlichen Wortsinn kann von Stellvertretung nur dort die Rede sein, wo für einen anderen in der Absicht gehandelt wird, um dessen persönliche Thätigkeit zu ersetzen.“

In diesem Sinne sind daher auch die blossen Boten, wie, Windscheid[3] richtig bemerkt, Vertreter. Der Bote erspart seinem Herrn einen Weg, welcher gemacht werden muss, wenn das Drama des Vertragsschlusses sich ohne Lücke abspielen soll. Windscheid nennt ihn einen „Vertreter in der Erklärung“ und versteht dabei unter Erklärung offenbar die Erklärungsabgabe.[4] Diese Erklärungsabgabe an einen Abwesenden ist jedoch eine Handlung, welche aus zwei Theilen besteht, der Einkleidung des Erklärungsinhaltes in Worte und der Uebersendung dieser Worte entweder nach ihrem Laute oder nach ihrem Sinne; denn das der Bote unter allen Umständen immer nur nach Azo's Wort[5] *„velut pica“*, das ist wie eine abgerichtete Elster, die Worte seines Absenders nachsprechen

---

[1] Pand. I. § 73 Anm. 2, 7. Aufl. S. 181.

[2] Die Lehre von der Stellvertretung. Wien 1885. S. 3, vgl. auch S. 131 flg.

[3] Pand. I. § 73 Anm. 2.

[4] Vgl. meine Schrift: Der Irrthum bei nichtigen Verträgen. Berlin 1882. I. § 3 S. 56 flg.

[5] Summa in Cod. 4, 50. n. 1—5.

muss, nimmt heutzutage niemand mehr an. Innerhalb der Erklärungabgabe vertritt also der Bote den Herrn nur in ihrer zweiten Hälfte, in dem Ueberbringen des bereits geäusserten Gedankens seines Herrn, daher man besser ihn nicht mit Windscheid „einen Vertreter in der Erklärung" nennt, sondern einen „Vertreter im Ueberbringen des Erklärungsinhalts". Ebenso vertritt auch der Diener oder der Geschäftsgehülfe, welcher für seinen Herrn eine rechtsgeschäftliche Aeusserung entgegennimmt, diesen Herrn in der Entgegennahme. Auch derjenige, welcher für einen anderen eine Geschäftsurkunde aussinnt, vertritt ihn in der Mühe des Nachdenkens und der Satzbildung, während der Dollmetscher, welcher dem Fremdling eine diesem unerschwingliche Uebersetzungsarbeit erspart, ihn in einer Thätigkeit vertritt, ohne welche die Einigung der Parteien wegen ihrer beiderseitigen Sprachunkenntniss nicht würde zu Stande kommen können. Ueberall ist hier die Erklärungsthätigkeit zerspalten; der eine Theil fällt dem Geschäftsherrn, der andere dem Gehülfen zu.[1]

Auf alle solche Vertreter in einzelnen Stücken der Verabredungsthätigkeit sind aber die Rechtsvorschriften nicht gemünzt, welche in unseren Lehr- und Gesetzbüchern unter der Ueberschrif „Vertretung" aufmarschiren, namentlich galt für sie auch nicht die römische Regel: *„Per liberam personam nihil nobis acquiritur"* und noch jetzt gilt für sie nicht das, was wir über Irrthum des Vertreters, Vollmachtswiderruf, Vollmachtsschranken und Vollmachtsüberschreitungen an Rechtsregeln besitzen.[2]

Die Unterscheidung der Vertreter von den Vertragsgehülfen ist freilich so schwer zu treffen, dass bekanntlich sogar hervorragende Gelehrte geradezu die Büchse in das Korn geworfen haben, indem sie sich zu einem *„ignorabimus"* bekannten und behaupteten, dass hier eine auffindbare Grenzlinie schlechterdings nicht bestehen kann, und es will fast scheinen, als habe sogar die zweite Lesung des Entwurfes eines bürgerlichen Gesetzbuches an ihrer Auffindbarkeit verzweifelt; denn § 134 (11 S.)[3] spricht von Vertretungen überall da, wo jemand eine Willenserklärung „innerhalb der ihm zustehenden Vertretungsmacht im Namen des Vertretenen abgiebt", eine Begriffsbestimmung, welche auch die blosse Botschaft mit umfasst.

[1] Mitteis a. a. O. S. 112 flg. spricht bei allen Vertretungen von einer „Willensvertheilung".

[2] Vgl. hierzu auch Mitteis a. a. O. S. 135.

[3] Archiv f. civ. Praxis Bd. 79 S. 182.

Wenn jedoch die Verfasser des Entwurfes wohl nicht alles, was sie über Vertretung (§ 134—149) bestimmt haben, ohne weiteres auch auf die blosse Botschaft angewendet wissen wollen, so scheinen sie eine einschränkende Auslegung ihrer oben angeführten Vorschrift zu erwarten. Das ist ja eben, wie oben schon bemerkt wurde, die Hauptursache des steten Forschens nach dem Unterscheidungsmerkmale zwischen dem Vertreter und dem blossen Vertragsgehülfen, dass beide verschiedenen Rechtsregeln unterliegen sollen. So war namentlich im classischen römischen Rechte der Forderungserwerb durch Boten bei formlosen Verträgen erlaubt, durch Stellvertreter der richtigen Meinung nach nicht. Wer daher die römischen Quellen verstehen und vor Gericht anwenden will, kann jener Unterscheidungsfrage nicht aus dem Wege gehen, er müsste denn zu der verzweifelten Annahme greifen, dass ein alter dauernder Gerichtsgebrauch auf einer sinnlosen Trennung zweier ununterscheidbarer Geschäftsformen beruhte, und diese Annahme ist ohne jede Wahrscheinlichkeit. Die herrschende Lehre hält daher mit gutem Grunde an jener Unterscheidung fest, sie behülft sich aber, wenn sie sie schildert, mit Formeln, welche um ihrer Unbestimmtheit willen höchstens als vorläufige Abschlagszahlungen angenommen werden können. So bezeichnet z. B. Ihering[1] die Thätigkeit des Vertreters als eine specifisch-juristische, diejenige des Boten als eine factische Hülfsleistung. Es fehlt jedoch in Wahrheit weder der Vertretung die factische Natur, noch der Botschaft die juristische Bedeutsamkeit. Die meisten kennzeichnen mit Windscheid[2] den wahren Stellvertreter im Vertragsabschlusse als einen Vertreter im Willen, also als diejenige Hülfsperson, welche statt des Geschäftsherrn will, ihm also einen Willensact, einen Entschluss erspart, indem sie diesen Entschluss statt seiner fasst.[3] Auch dieser Wendung fehlt die erwünschte Bestimmtheit. Auch da wo blosse Vertragsgehülfen auftreten, handeln sie nicht willenlos, sondern vertreten ihren Herrn in dem Willen zu demjenigen Verhalten,

---

[1] Jahrb. f. Dogmatik I. S. 274 flg.

[2] Pand. I. § 73 Anm. 2. Vgl. auch insbesondere Laband in der Zeitschrift für Handelsrecht Bd. 10. S. 192.

[3] Vgl. auch Mitteis a. a. O. S. 132 flg., der insbesondere auf l. 37 dig. ad. S. C. Trebell 36, 1 und auf l. 18 dig. de spons. 23, 1 Bezug nimmt, zwei Stellen in denen das Wort „*alius*“ wohl nur auf einen unbeauftragten Stellvertreter hindeutet im Gegensatze zu einem beauftragten Boten, nicht aber auf einen beauftragten Stellvertreter.

das sie ihm abnehmen und ersparen.[1] Der Bote ist ein Vertreter im Ueberbringungswillen, der Erklärungsempfänger im Annahmewillen, der Urheber des Geschäftsinhaltes im Herstellungswillen, der Dollmetscher im Uebersetzungswillen. Allein die Unbestimmtheit der herrschenden Lehre ist nicht ihr einziger Mangel, sie ist auch ausserdem geradezu falsch. Zunächst erspart der Vertreter seinem Herrn den Zustimmungswillen nicht gänzlich, da ja sein Verhalten den Herrn nur dann berührt, wenn dieser vorher oder nachher zustimmt. Sodann giebt es Hülfspersonen, welche einem anderen in Wahrheit den Entschluss zur Geschäftsvollendung abnehmen, ihn also im Geschäftsabschliessungswillen vertreten, ohne dass man sie als seine Vertreter im gewöhnlichen Sinne des Wortes behandeln darf. Ein Beispiel soll dies klar machen:[2] Es miethet jemand eine Wohnung für einen bestimmten Preis unter der Bedingung, dass seine Frau nach Besichtigung der Räume dem Vertrage zustimmen wird. Thut dies die Frau, so wird sie niemand für die Vertreterin des Mannes halten; sie leistet vielmehr dadurch eine Beihülfe zum Vertragsabschlusse, dass sie eine Bedingung desselben erfüllt. Geschieht dies erst, nachdem der Mann bereits sich mit dem Vermiether in der angegebenen Art geeinigt hatte, so wird daran niemand zweifeln. Wie aber, wenn der Mann sie vorher, ehe er den Vertrag mit dem Vermiether abschloss, dazu ermächtigt hatte, die Wohnung zu dem bestimmten Preise zu miethen, falls sie dazu geneigt sein sollte? Hier spielt sie bei dem Vertragsabschlusse eine doppelte Rolle. Zunächst ist sie die Ueberbringerin eines bedingten Vertragsanerbietens und ausserdem bringt sie das Geschäft genau in derselben Weise zu Stande, wie in dem vorigen Falle, indem sie die von dem Manne gesetzte und von ihr überbrachte Vertragsbedingung erfüllt. In beiden Fällen vertritt sie den Mann im Willen zum Geschäftsabschlusse, den sie ihm erspart, im zweiten spielt sie ausserdem eine Botenrolle, aber in beiden Fällen liegt nichts vor, das uns berechtigte, sie für mehr zu halten, als für eine blosse Gehülfin des Vertragsabschlusses.

Der Entschluss zu einer Erklärung, die den Vertrag giltig macht, kann also unter Umständen dem blossen Gehülfen des Ge-

[1] Savigny (Obligationenrecht Bd. II. S. 57) nennt freilich den Boten ein „bewusstloses willenloses Werkzeug“. Dies würde etwa nur auf hypnotisirte Abgesandte passen, welche die Botschaft unter dem Zwange einer Suggestion bestellen.

[2] Vgl. hierzu insbesondere auch Hellmann, Die Stellvertretung in Rechtsgeschäften. München 1882, S. 9 flg.

schäftes anvertraut sein. Dieser Entschluss ist also kein Merkmal des stellvertretenden Erwerbes,[1] wenn er diesem auch stets anhaftet. Ein zweites muss noch dazu kommen. Dieses zu finden, führt uns gerade das gewählte Beispiel auf den rechten Weg. Wir setzten voraus, dass der Ehemann einerseits die Wohnung (und mit ihr den Hauswirth), andererseits den Miethszins bestimmt hatte, bevor er die Frau zu dem Miethsabschlusse berechtigte. Wie aber, wenn eine dieser Grössen unbestimmt war, wenn die Frau die Wohnung überhaupt erst suchen oder für die dem Manne bekannte Wohnung den Miethszins nach ihrem Ermessen fesstellen sollte? Dann ist sie mehr als die Gehülfin eines fremden Planes, sie bebestimmt nicht blos die Vertragsgiltigkeit, sie bestimmt den Vertragsinhalt. Thöl[2] bezeichnete daher das Wesen der Vertretung als ein Erzeugen des Vertragswillens, weil er in seiner Redeweise, wie ich es mir aus seinem eigenen Munde auf Anfrage habe bestätigen lassen, mit dem Worte „Willen“ dasjenige bezeichnete, was die Neueren „Erklärungsinhalt“ nennen.[3] Freilich lässt sich auch gegen Thöl's Lehre einwenden, dass die blosse Vertragserzeugung noch nicht den Vertreter macht; denn auch der Amtsrichter oder der Notar, welcher für seine Schutzbefohlenen einen Vertrag aussinnt, ist, wie wir sahen, keineswegs mehr als ein blosser Vertragsgehülfe und dennoch ein Erzeuger des Geschäftsinhaltes. Auch erzeugt der Vertreter den Geschäftsinhalt nicht immer selbst, sondern zuweilen stimmt er blos den Vorschlägen der anderen Vertragspartei zu. Auf das Erzeugen des Geschäftsinhaltes kommt es also nicht an, wohl aber auf das Prüfen und das Zustimmen auf Grund der geschehenen oder möglichen Prüfung. Der Unterschied zwischen dem Gehülfen und dem Vertreter zeigt sich übrigens als völlig unmöglich bei denjenigen Geschäften, welche grundsätzlich als Regel die Anwesenheit der Parteien verlangen, also auch die Möglichkeit eines Geschäftsabschlusses durch Botschaft nicht kennen. Wo die Mittelsperson nicht Bote sein darf, da kann sie höchstens als Stellvertreterin in Frage kommen. Hierher gehört nach römischem Rechte der Erwerb aus einer *stipulatio,* nach heutigem die Eheschliessung. Darum kann man m. E. den Stell-

---

[1] Vgl. hierzu übrigens auch Unger, System II. § 90. Anm. 20.

[2] Das Handelsrecht Bd. I. § 70. Anm. 6. Aufl. S. 239. Vgl. dagegen Regelsberger in Endemanns Handbuche des Handelsrechts Bd. II. § 239. Anm. 9. S. 398.

[3] Vgl. hierüber meine Schrift: Der Irrthum bei nichtigen Verträgen I. S. 81. u. 82. Anm. 2.

vertreter bei dem Eheabschlusse nicht[1] dazu verwenden, um nach ihm den allgemeinen Stellvertretungsbegriff im Gegensatze zur Vertragsbeihülfe zu bestimmen. Bei diesen Begriffen müssen die Geschäfte mit Anwesenheitszwang von denen ohne einen solchen Zwang unterschieden werden, weil nur bei den letzteren das Bedürfniss zu einer Unterscheidung des Vertreters von dem Vertragsgehülfen vorliegt. Auch hier wird ein Beispiel dem Verständnisse des Gesagten dienen. Ein Fürst sendet seinen Vetter als Vertreter zu der Eheschliessung und giebt ihm für seine Braut ein Geschenk mit auf die Reise. Wenn nun dieser Vetter am Altare das Jawort ausspricht und die ihm anvertraute Gabe der Empfängerin überreicht, so sagt er beide Male nur das, was ihm zu erklären aufgetragen war, *velut pica,* um mit Azo zu reden. Und dennoch ist er das eine Mal ein Vertreter, das andere Mal nur ein Bote. Dieser Unterschied folgt lediglich daraus, dass die Eheschliessung ein Geschäft mit Anwesenheitszwang ist, also eine Botschaft nicht zulässt. Im Grunde genommen liegt hier auch die eigentliche Vertretung nicht in den Worten, welche die Mittelsperson ausspricht, sondern darin, dass sie bei diesen Worten da steht, wo sie nach der Vorschrift des Rechtes stehen muss, also in einer Vertretung im Standorte.

Wir müssen daher die Unterscheidung zwischen Botschaft und Vertretung lediglich auf diejenigen Geschäfte einschränken, welche eine Botschaft kennen, mit anderen Worten auf die formlosen Geschäfte ohne Anwesenheitszwang, die hinsichtlich des Standortes ihres Urhebers unbeschränkten Erklärungen. Botendienste giebt es eben nur bei der Uebermittelung geäusserter Gedanken, nicht bei anderen Handlungen oder Arbeiten, und eine jede Beihülfe zu Rechtsgeschäften beschränkt sich stets auf die Beihülfe zur Erklärung des Geschäftsinhalts. Gehört zu einem Geschäfte mehr als eine Willensäusserung, z. B. das Ergreifen oder Betreten einer Sache, wie dies bei dem Besitzerwerbe in der Regel der Fall ist, so kann eine Hülfsperson, die eine solche Handlung für einen anderen thut, insoweit niemals Bote genannt werden, sondern nur Vertreter. Darum liegt in dem Besitzerwerbe für den abwesenden Auftraggeber eine wahre Vertretung, keine blosse Geschäftsbeihülfe.

Wir werden daher gut thun, die folgende Untersuchung auf formlose Geschäfte unter Abwesenden einzuschränken.

---

[1] Wie Unger, System II. 90. Anm. 20 thut.

Bei diesen macht es aber einen gewaltigen Unterschied, ob der Herr einen bekannten Geschäftsinhalt mit Hülfe eines anderen anerkennt oder einem anderen den Auftrag giebt, ihn einer Norm zu unterwerfen, die ihm, dem Auftraggeber, noch unbekannt ist. Dies ist aber das Kennzeichen der wahren Vertretung im Geschäftsabschlusse, die über die Vertragsbeihülfe hinausgeht. Sie ist immer in gewisser Hinsicht ein Sprung ins Dunkle für den Geschäftsherrn und dies ist ihr Erkennungszeichen.[1] Der Vertreter erspart dem Herrn bei ihr nicht blos die endgiltige Zustimmung, sondern auch die vorherige Kenntnissnahme von dem Geschäftsinhalte, mit anderen Worten die entscheidende Vorprüfung dieses Geschäftsinhaltes, er vertritt ihn im Willen zur entscheidenden Vorprüfung der dem Herrn unbekannten Geschäftsnorm. Zuweilen erzeugt der Vertreter ihren Inhalt selbst, zuweilen lässt er ihn durch den Vertragsgenossen oder einen Dritten (z. B. einen Notar) herstellen, immer aber stimmt er einem Geschäftsinhalte zu, welchen der Geschäftsherr nicht geprüft und weder unbedingt noch bedingt anerkannt hat. Dies ist es, was den Vertreter von dem blossen Gehülfen des Geschäftsabschlusses unterscheidet. Es erspart dem Herrn die zustimmende Bezugnahme auf das inhaltlich bestimmte Geschäft, welches dem Zustimmenden bekannt oder doch, da man auch unbekannte Urkunden unterschreiben kann, erkennbar ist. Nicht von der Vertretung im Willen sollte man daher reden, sondern von der Vertretung in der Zustimmung zu einem vollständigen Geschäftsinhalte.

Von der Unvollständigkeit eines Geschäftsinhaltes, den eine Hülfsperson abzuschliessen befugt wird, hängt es daher bei den durch Boten oder Briefe abschliessbaren Geschäften ab, ob sie unter das Stellvertretungsrecht gehört. Unter einem vollständigen Geschäftsinhalte werden wir aber hier einen solchen verstehen müssen, in dem die Hauptpunkte bezeichnet sind, d. h. diejenigen Punkte, ohne welche das Geschäft nicht ausgeführt werden kann, also namentlich bei Verträgen der andere Theil und die ausbedungenen Vortheile, bei zweiseitig-belastenden Verträgen auch die übernommenen Opfer, und zwar die Vortheile (z. B. die Zahl der Zimmer, welche gemiethet werden sollen) nach ihrem Mindestbetrag, die Lasten nach dem Höchstbetrage; denn eine Vertragsabänderung zum Besten des Herrn, für den er thätig ist, wird

[1] Das in der Schrift: Der Irrthum bei nichtigen Verträgen I. S. 162 flg. von mir Gesagte halte ich daher nur noch zum Theile aufrecht.

man im Zweifel auch dem blossen Gehilfen gestatten (sofern er nur die eine Partei bedient), und das Recht, Nebenpunkte in einem festgesetzten Geschäfte umzugestalten, macht den blossen Boten noch nicht zum Stellvertreter.[1]

Wo also ein Herr einem vollständigen Geschäftsinhalte (bedingter oder unbedingter Weise) zustimmt, also die Arbeit der entscheidenden Vorprüfung selbst verrichtet, da kann sein Vertragsgehülfe niemals als Vertreter im Erwerbe gelten, insoweit eine Vertragsbeihülfe bei diesem Geschäfte möglich ist. Diese Erkenntniss ist von der grössesten Wichtigkeit für das stellvertretende *negotium gestum*,[2] die Abrede, welche ein Unbeauftragter in der Hoffnung auf unsere Zustimmung für uns abschliesst. Diese auftraglose Thätigkeit kann immer nur eine Beihülfe zum Vertragsabschlusse darstellen, niemals eine darüber hinausgehende Vertretung; denn die Zustimmung zu dem vollständigen Geschäftsinhalte wird dem Herrn hier niemals erspart. So erklärt es sich, warum die Römer dies Geschäft nicht unter den Satz: „*Per liberam personam nihil nobis acquiritur*" stellten, sondern bei formlosen Geschäften als giltig anerkannten.[3] Diese Erscheinung, wie so manches andere erklärt sich aus denselben Gesichtspunkten, welche uns dazu nöthigen, bei formlosen Verträgen die Vertragsbeihülfe von der Stellvertretung abzusondern. Wir sahen, dass die Benutzung eines Stellvertreters überall gefährlicher ist, als diejenige eines blossen Gehülfen zum Geschäftsabschlusse. Nur der wahre Stellvertreter im Erwerbe trägt die Verantwortung für die Angemessenheit des anerkannten Geschäftsinhaltes. Der Geschäftsgehülfe gleicht einem Steuermann, der das Schiff des Geschäftsabschlusses auf eine Strasse führt, welche seinem Herrn wohlbekannt ist, der stellvertretende Erwerber dagegen ist ein Schiffslenker, der es auf unbekannte Bahnen hinüberleiten darf und darum leicht auf Klippen und Sandbänke bringen kann. In dieser höheren Gefährlichkeit liegt aber gerade die *ratio legis* oder, wie man neuerdings zu sagen pflegt, der Zweckgedanke für die praktische Unterscheidung der blossen Vertragsgehülfen von dem Vertreter. Von dem Vertreter verlangt die Rechtsordnung der

[1] Vgl. hierzu Mitteis, Die Lehre von der Stellvertretung. Wien 1885. S. 130.

[2] Vgl. Zimmermann. Die Lehre von der stellvertretenden *negotiorum gestio*. Strassburg 1876. S. 1 flg.

[3] Vgl. Hellmann, Die Stellvertretung in Rechtsgeschäften S. 113 flg. A. M. anscheinend Brinz, Pandekten 1. Aufl. I. S. 1626.

richtigen Meinung nach die Fähigkeit zum Abschlusse von Rechtsgeschäften — ob die volle Handlungsfähigkeit, das mag hier dahingestellt bleiben.[1] Dass z. B. ein Wahnsinniger für seinen Herrn einen Vertrag abschliessen kann, wird aus guten Gründen nicht angenommen; es darf einer Partei nicht gestattet sein, mit gebundenen Händen ihre Vermögensschicksale einem Vernunftlosen auszuliefern. Dagegen genügt zur Beihülfe in Geschäftsabschlüssen allerdings auch eine geisteskranke Person, weil hier neben dem Diener der Herr und dessen Vernunft einen vollen Spielraum zur Wahrung seiner Bedürfnisse oder Wünsche findet. Sollte daher z. B. ein Ehemann eine Wohnung für einen bestimmten Preis unter der Bedingung miethen, dass seine geisteskranke Frau, welche bei ihm lebt, das Geschäft billigen und dadurch rechtsverbindlich machen werde, so muss ihre Zustimmung dazu genügen, dem Vertrage den gewünschten Abschluss zu geben, und das Gleiche muss m. E. auch dann gelten, wenn sie als Botin des Mannes zu gleicher Zeit sein Einverständniss mit dem ihm bekannten Vertragsinhalte, welches durch ihre Zustimmung bedingt ist, mit dieser Bedingung in richtiger Weise überbringt. — Wie bei der Frage nach der Handlungsfähigkeit, so muss man auch bei der Behandlung der Irrthümer in dem Geschäftsabschlusse die Lage des Boten von derjenigen des Vertreters unterscheiden.[2]

Daraus aber, dass, wie wir sahen, der Begriff des Vertragsgehülfen gegenüber denjenigen des Vertreters etwas weiter greift, als man vielfach annimmt, erklärt sich sehr wohl, warum die Quellen wiederholt den Satz: *per liberam personam nihil nobis acquiritur* betonen und dabei doch als etwas ganz selbstverständliches eine Reihe von Fällen erwähnen, in denen eine Vertretung im Erwerbswillen als möglich hingestellt wird.[3] Es sind darin eben solche Fälle zu sehen, in welchen der Geschäftsherr selbst den

---

[1] Die zweite Lesung des Entwurfes unterscheidet in dieser Frage zwischen der beschränkten Geschäftsfähigkeit und der Geschäftsunfähigkeit. § 135 (Archiv für civ. Praxis, Bd. 79 S. 162).

[2] Näheres hierüber findet sich in meiner Schrift: Der Irrthum bei nichtigen Verträgen, Bd. II. S. 413 flg. Vgl. auch Mitteis, Die Lehre von der Stellvertretung. Wien 1885. S. 272 flg., dem Dernburg, Pandekten I. § 117, Anm. 9, 3. Aufl. S. 274 mit Recht zustimmt. Leider steht der Entwurf des bürgerlichen Gesetzbuches für das Deutsche Reich (erste Lesung § 117, zweite § 136, Absatz 1) noch unter dem Bann der üblichen unrichtigen Verallgemeinerung. Archiv für civ. Praxis, Bd. 79, S. 162.

[3] Vgl. Hellmann a. a. O. S. 43 flg.

Vertragsinhalt im Voraus geprüft hatte, also sein Gehülfe, der das Geschäft zu Stande brachte, kein stellvertretender Erwerber war.

Ueberhaupt versagen die Römer nirgends die freie Stellvertretung nach jeder Richtung,[1] sondern immer nur den stellvertretenden Erwerb. Einen Satz: *„per liberam personam nihil nobis amittur"* konnte es namentlich um so weniger geben, als bei Entäusserungen die Vollmacht auf den Inhalt des Geschäfts Bezug nehmen, ihm mindestens wahlweise festsetzen muss und somit den Vertragsgehülfen zu einem blossen Werkzeuge des Auftraggebers herabdrückt. Die Stellvertretung in dem Aufgeben eines Rechtes ist immer nur Geschäftsbeihülfe.[2] Einen Satz: *per liberam personam non obligamur* konnte es aber gleichfalls nicht geben, weil auch eine adjecticische Verpflichtung immerhin doch eine Verpflichtung ist. Wo wir vom Stellvertreter reden, da handelt es sich in der Regel nur um den stellvertretenden Erwerber.

Diese Gedanken in Anlehnung an die Quellen noch weiter ausspinnen, behalte ich um so lieber anderen Gelegenheiten vor, als die bisherige Erörterung hier nur die Vorstufe zu einer weiteren Aufgabe sein soll, der Abgrenzung der Stellvertretung von dem sogenannten Vertrage zum Vortheile eines fremden Vermögens. Diese Vorstufe erscheint freilich um so nöthiger, als ihr Ergebniss die Frage nahe legt, ob nicht die Verträge zu Gunsten Dritter schlankweg unter die Fälle der blossen Vertragsbeihülfe fallen, d. h. eine *negotiorum gestio* für den Dritten enthalten, dessen Beitritt als eine einfache *ratihabitio* anzusehen ist.[3] Gewöhnlich will man freilich von einer solchen unbedingten Unterstellung dieser Verträge unter die *negotiorum gestiones* nichts wissen.[4] Und doch

---

[1] Vgl. auch Hellmann a. a. O. S. 63 flg.

[2] Arg. l. 22. dig. *de manumissis vindicta* 40, 2. l. 7 pr. dig. *de calumniatoribus* 3, 6.

[3] So z. B. Savigny, Obl. R. Bd. II. S. 82, 87. Heimbach im Rechtslexikon unter „Vertrag", Bd. 12 S. 828; vgl. auch Seuffert's Archiv Bd. XIV, 131. In gleicher Weise schilderte die Verträge für Dritte schon Hugo Grotius, *de jure belli ac pacis* II. c. 11. § 18 u. 19; vgl. auch v. Vangerow, Pandekten Bd. 3. § 608. 7. Aufl. S. 296, der den Vertrag zu Gunsten des Vermögens eines Dritten unter den Begriff der unbeauftragten Stellvertretung setzt; ebenso Ogonowski, Die Geschäftsführung ohne Auftrag nach österreichischem Rechte. Lemberg 1877. S. 96--101; vgl. auch Brinz, Pand. 1. Aufl. S. 1628.

[4] Dagegen selbst Heimbach a. a. O. S. 825; vgl. auch das Urtheil der Göttinger Juristenfacultät, Bd. 23. Nr. 219 und statt vieler Windscheid, Pand. II. § 316. Anm. 1. 7. Aufl. S. 194; Dernburg, Pand. II. § 18. Anm. 2. 3. Aufl. S. 51.

lehrt uns die Dogmengeschichte, dass sich ihr Begriff erst in einem langen Entwickelungskampfe von den gewöhnlichen Stellvertretungen losgerungen hat, mit denen die *negotiorum gestio* bei Vertragsschlüssen grundsätzlich zusammengeworfen zu werden pflegt.

Da das römische Recht jeden vertragsmässigen Erwerb für einen Dritten, auch den stellvertretenden, verbot, so hatte es in der Regel keine Veranlassung, das „*acquirere per alium*“ von dem „*alteri stipulari*“ näher zu sondern. Das Gleiche würde von dem älteren deutschen Rechte gelten, wenn es wahr wäre, dass es alle Verträge zum Besten fremder Vermögensmassen unterschiedslos zuliess. Dass dies aber wahr ist, lässt sich aus den Quellen des deutschen Rechtes nicht entnehmen, welche nur einzelne Verträge zu Gunsten Dritter aufzählen und auch diese durchaus nicht mit der vollen Wirkung ausstatten, welche die Neueren in der Regel diesen Geschäften zusprechen.[1] In der That boten die schlichten Wirthschaftsverhältnisse des alten Deutschlands wenig Anlass zur Ausbildung so künstlicher Vertragsformen. Die kanonistische Doctrin war es, die ihnen Bahn brach, hier wie sonst, in ihren Zielen weitblickend, in der Begründung oftmals kurzsichtig und unempfänglich für die Gebote weltlicher Klugheit. Der weite Blick des kanonistischen Rechtes zeigt sich in der Anlehnung dieser Geschäfte an das sittliche Gebot der Heiligkeit des gegebenen Wortes,[2] die kleinliche Begründung in dem Bestreben, den grossen Gedanken durch die Anlehnung an Texte zu bekräftigen, so z. B. wenn das Versprechen, das der vom Schisma Bekehrte dem Apostel Petrus und seinem Vertreter abgab, als ein Rechtserwerb durch einen Sklaven gerechtfertigt wurde, weil der Pabst der Sklave des heiligen Petrus sei und sich überdies „*servus servorum Dei*“ nenne.[3] Die Kurzsichtigkeit dieses mehr sittlichen als politischen Rechtes sehen wir aber in der Gleichgiltigkeit gegen die Frage, ob jene Verträge nothwendig und ungefährlich sind. Dieselbe Denkart entsprach auch ganz dem Geiste des Naturrechtes, das sich oftmals wider die Lebenserfahrung mit seinen Anforderungen auflehnte, und so den Hauptmangel des kanonischen Rechtes gewisser Maassen in

[1] Vgl. hierüber Stobbe, Zeitschrift für Rechtsgeschichte, Bd. VII, S. 423 flg.; Goldschmidt's Zeitschr. Bd. 19. S. 304 flg. u. Handbuch d. Deutschen Privatrechts. Bd. III. S. 112.

[2] Vgl. hierzu Buchka, Die Lehre von der Stellvertretung, S. 145 flg., auch Beseler, System des gemeinen Deutschen Privatrechts. I. § 101. Anm. 8. 3. Aufl. S. 406.

[3] Glossa zu c. 9. C. 1. qu. VII.

das Weltliche übersetzte. Darum ist der Vater des Naturrechtes, Hugo Grotius, auch einer der wärmsten Vertheidiger der Verträge zu Gunsten Dritter.[1] Wie im Mittelalter die Legisten den frommen Eifer der kanonistischen Neuerer dämpften, so fanden auch die naturrechtlichen Himmelsstürmer ihren Hemmschuh in dem Widerstande der Sachverständigen. Die Rechtslehrer hielten mit der Glosse in ihrem Buchstabenglauben an dem *„alteri stipulari nemo potest“* in blinder Zuversicht fest und die Praktiker witterten mit jenem Spürsinn, den nur die langjährige Rechtsanwendung zu geben vermag, dass eine ausnahmslose Zulassung der Verträge für Dritte vielleicht gefährlich, jedenfalls aber nicht nöthig war. Gegen diese conservativ-romanistische Strömung blieb jedoch von Anfang an, schon seit der Zeit der Glossatoren, das Verkehrsbedürfniss wenigstens theilweise siegreich; denn es erkämpfte den freien Forderungserwerb durch Vertreter, der durch den Fortfall der Sklaverei mit ihren unfreien Geschäftsgehülfen zu einer gebieterischen Nothwendigkeit geworden war. Hiernach kann man nun allerdings leicht zu dem Glauben verleitet werden, dass zugleich alle Verträge für einen abwesenden Dritten giltig geworden sind; denn entweder ist die anwesende Partei, die für den abwesenden Dritten sorgt, von ihm beauftragt, dann ist sie eine Mandatarin, oder sie ist auftraglos, dann liegt eine *negotiorum gestio* vor und diese war, wie wir sahen, bei formlosen Verträgen schon nach römischem Rechte möglich;[2] denn sie fällt immer unter den Begriff der Geschäftsbeihülfe. Fügt man dann noch den nachrömischen (ebenfalls kanonistisch-naturrechtlichen) Grundsatz der Vertragsfreiheit hinzu, der die Versprechen aus allen nicht verbotenen Gründen giltig sein lässt, so wird man dann allerdings zu der Folgerung genöthigt, dass mit ihm und mit der römischrechtlichen Zulassung einer *negotiorum gestio* bei Vertragsabschlüssen alle Verträge zu Gunsten des Vermögens eines Dritten zulässig geworden sind, weil sie, wie wir sahen, unter den Begriff der unbeauftragten Geschäftsführung allerdings fallen, also höchstens eine Abart dieser Erwerbsform bilden können, sofern es wirklich nach dem Wegfall des römischen Contractssystems auf den Schuldgrund nicht weiter ankommen soll.

Die herrschende Meinung freilich sträubt sich mit Entschiedenheit gegen die Unterordnung der Verträge zu Gunsten Dritter unter den Begriff der unbeauftragten Geschäftsführung und

[1] De jure bellict pacis lib. II. c. 11. § 18.

[2] Vgl. hierzu auch das von Mitteis a. a. O. S. 68 Gesagte.

wider ihre hieraus folgende Zulässigkeit. Im ersteren Punkte ist sie im Unrecht; denn die Verträge zu Gunsten des Vermögens abwesender Dritter sind nur eine Unterart der unbeauftragten Stellvertretung im Forderungserwerbe, also einer Geschäftsbeihülfe zu diesem Erwerbe, mag man ihn behandeln, wie man will. In der Abneigung gegen diese Geschäfte dagegen liegt ein richtiger Kern und nur in einem Punkte verfehlt hier die herrschende Lehre das Richtige, nämlich darin, dass sie diese Abwehr nur gegen die Verträge zu Gunsten des Vermögens abwesender, nicht aber auch gegen die Verabredungen zu Gunsten anwesender und zustimmender Dritter richtet; denn alles, was ich zu Gunsten eines Anwesenden versprechen darf, das muss ich, sobald erst einmal die Vertretung erlaubt ist, auch seinem Vertreter versprechen dürfen, sofern er selbst abwesend ist.[1]

Noch immer haben wir das Gebiet des Begriffes, von dem die Rede ist, nicht abgesteckt. Dass sich, als er fehlte, das Wort: „Vertrag zu Gunsten Dritter“ zur rechten Zeit eingestellt hat, wird kein Freund der deutschen Sprache zugeben dürfen. Zu Gunsten jemandes geschieht doch nach festem Sprachgebrauche alles, was ihm Vortheil bringt. Der Nichtjurist hat daher niemals etwas dagegen, dass man alle Stellvertretungsabreden ohne weiteres als Verträge zu Gunsten Dritter bezeichnet, und wenn wir Juristen daran ein Aergerniss nehmen, so geschieht dies nur, weil wir hier zu einem Widerspruche wider das gesunde Sprachgefühl künstlich erzogen worden sind und dem Volke das unbillige Ansinnen stellen, dass es seine Redeweise den besonderen Bedürfnissen unseres Berufes anpasse. Noch nach einer anderen Richtung ist dies der Fall. Wer für sein Kind eine Amme annimmt oder für seine Tochter einen Clavierlehrer oder für seinen Sohn einen Barbier, handelt sicher zu Gunsten seines Abkömmlings, aber man wird keinem Prüfungscandidaten rathen wollen, dass er, über die Verträge zu Gunsten Dritter befragt, zu diesen Beispielen greifen möge! Und doch würde ihn seine Muttersprache dazu berechtigen, wenn nicht zuvor ein fleissiges Studium der Lehrbücher das Gefühl für die Redeweise des täglichen Lebens in ihm abgetödtet hätte. Nicht viel besser als der übliche Ausdruck ist das, was der Entwurf des bürgerlichen Gesetzbuches für das Deutsche Reich (erste Lesung § 412—416) an seine Stelle setzt: „Versprechen der Leistung an einen Dritten.“ Gegen diesen Begriffsnamen gilt alles

[1] Vgl. Beseler, Deutsches Privatrecht I. § 102. III. 3. Aufl. S. 410.

dasjenige, was soeben gesagt wurde, ausserdem ist die neue Formel zu eng und dabei doch in einer anderen Hinsicht zu weit. Zu eng, weil es auch dingliche Verträge zu Gunsten des Vermögens eines Dritten giebt,[1] z. B. verkaufsweise Bestellung eines Wegerechtes für den A gegenüber dem B, der sie bezahlt. Diese Verträge werden freilich um ihrer Schwierigkeit willen von der Wissenschaft in der Regel übergangen. Die neue Formel des Entwurfes ist aber auch zu weit; denn die Entgegennahme des Versprechens einer Leistung an einen Dritten, die sich jemand ausbedingt und die nur er allein einklagen will, so z. B. die Annahme eines Clavierlehrers für sein Kind, ist etwas ganz anderes, als diejenige Abrede, von der der Entwurf unter der angegebenen Ueberschrift handelt (§ 412—416).

Dem aufmerksamen Leser wird es daher wohl kaum entgangen sein, dass oben zu wiederholten Malen nicht von Verträgen zu Gunsten eines Dritten gesprochen wurde, sondern statt dessen von Verträgen zu Gunsten des Vermögens eines Dritten. Die unterstrichenen Worte haben zunächst nicht den Zweck, den Gedanken an die Familienrechtsverträge abzuwehren, wohl aber enthalten sie auch diese Abwehr, welche durchaus berechtigt ist. Es giebt nämlich im Familienrechte Verträge, Boten, Stellvertreter und Vertragsgehülfen, was es dagegen in diesem Rechtszweige nicht giebt, das ist diejenige Geschäftsform, welche die übliche Redeweise als Verträge zu Gunsten Dritter den Stellvertretungsgeschäften entgegensetzt. Heirathen, Kindesannahmen oder Emancipationen zu Gunsten Dritter sind in einem juristischen Sinne völlig unmögliche Dinge, so sehr, dass man in der Regel sich nicht einmal die Mühe nimmt, sich ihre Unmöglichkeit zum Bewusstsein zu bringen.

Allein auch auf dem Gebiete des Vermögensrechtes ist das Versprechen der einem Dritten vortheilhaften Leistung, auf welche nicht der Dritte, sondern nur der Empfänger des Versprechens klagbare Anrechte haben soll, schlechterdings von dem Vertrage zu Gunsten eines fremden Vermögens, dass einem Dritten Klagebefugnisse zuwendet oder ihn von dem Drucke eines fremden Rechtes entlastet,[2] wohl zu unterscheiden. Das gesammte Personal

---

[1] Seuffert, Archiv Bd. 24. Nr. 216, 217. Gareis, Die Verträge zu Gunsten Dritter. 1873. S. 269.

[2] Cohen, die Verträge zu Gunsten Dritter. Rostock 1891. S. 1314, will solche Entlastungsverträge nicht den Verträgen zu Gunsten Dritter zuzählen, sondern nur die Rechtsbegründungsverträge für den Dritten.

der Eisenbahnen, der Gasthöfe und der Handelsgeschäfte schliesst mit den Geschäftsherren Verträge ab, deren Ausführung den Geschäfskunden vortheilhaft ist, räumt aber dabei keineswegs diesen letzteren Klagerechte ein. Freilich mag es oft genug zweifelhaft sein, ob jemand sich oder einem anderen ein Klagerecht ausbedingt, die diesem Vortheil bringt. Dass man den Clavierlehrer seines Sohnes nicht einem anderen Klagerechte unterwerfen will, als dem eigenen, ist zweifellos, wer jedoch auf eigene Kosten für seine Frau einen Musiklehrer annimmt, bei dem ist das Gleiche vielleicht nicht ebenso sicher. Zweifelhaft ist ferner, ob der durchreisende Onkel, der einem Neffen eine Wohnung miethet, nur sich selbst oder diesem oder auch beiden Klagerechte verschaffen will, noch zweifelhafter, ob der Droschkenkutscher, den wir für eine Fahrt eines bei uns wohnenden Freundes nach dem Bahnhofe bestellen, nur uns oder auch ihm haftbar werden soll. Weil nun der Vertragswille hier, wie sonst, oft dunkel ist, und die Verkehrssitte, die seine Lücken auszustopfen berufen ist, zuweilen um nicht gewisser ist, als er selbst, so hat man geglaubt, jeden Zweifel der angegebenen Art dadurch beseitigen zu können, dass man einfach alle Verträge zum Vortheile eines Dritten auch zu Verträgen für das Vermögen des Dritten stempelte, d. h. diesem Dritten eine Klage auch da aufdrängte, wo die Vertragsparteien dies gar nicht wollten, oder doch wenigstens wo es ungewiss ist, ob sie es wollten.[1] Dies ist aber nicht der richtige Weg, um Auslegungen dunkler Verträge zu ermöglichen. Wenn ich z. B. einen Lohndiener annehme, um meinen Gast zu bedienen, und wir beide weder wünschen noch erklären, dass dieser Dritte Klagerechte gegen den zu seinem Vortheile Verpflichteten haben soll, so wäre es denn doch recht sonderbar, wenn der Staat wider unseren Willen diese Befugnisse ihm beilegen würde. Hier drängt sich die Frage auf: *cui bono?* Auf eine andere Weise ist überall da zu helfen, wo man nicht weiss, ob A von B den Vortheil des C sich als ein nur von ihm selbst (dem A) klagbares Recht ausbedungen hat, oder ob er dem C eine Klage verschaffen wollte. Was hier, wie sonst, wo es fraglich ist, ob ein Vertrag einen bestimmten Inhalt hat, den Ausschlag giebt, ist die Beweislast. Behauptet C, dass A ihm eine Klage ausbedungen hat, so muss er es beweisen. Kann er es

[1] Vgl. Bähr, Kritische Vierteljahrsschrift Bd. 30 (N. F. Bd. 11) S. 383. Ludwig Goldschmidt (Kritische Erörterungen zum Entwurf eines bürg. G. f. d. d. R. Leipzig 1889. S. 92 u. 93).

nicht, so wird er sachfällig. Es ist also sehr wohl möglich, Verträge zum Vortheil eines Dritten, aber zum ausschliesslichen Besten des eigenen Vermögens abzuschliessen, und nicht nöthig, solche Geschäfte mit den Abreden für ein fremdes Vermögen in einen Topf zu werfen.

Wir müssen daher die Verträge für das eigene Vermögen, deren Ausführung zum Vortheil eines Dritten dienen soll, schlechterdings von den Verträgen zu Gunsten des Vermögens eines Dritten trennen, bei denen nicht erst die Erfüllung, sondern schon der Abschluss diesem einen Vortheil bringt. Die ersteren wird sicherlich niemand mit den Stellvertretungen zu verwechseln versucht sein, wohl aber bedürfen die letzteren eines handgreiflichen Unterscheidungsmerkmals von der gewöhnlichen unbeauftragten Entgegennahme eines Versprechen für einen Abwesenden.

Auf dieses Merkmal, dass wir suchen, hat, in Anlehnung an Ausführungen von Bähr und Gareis, niemand so klar hingewiesen, wie Zimmermann.[1] Er nennt die fragliche Abrede ein Doppelgeschäft oder ein zweigliederiges und sieht in der *causa* des Versprechens an den Dritten, also in der Abrede über den Entgelt des Versprechens, das Kennzeichen, welches die Stellvertretungen von den nichtstellvertretenden Geschäfte für Dritte (d. h. für ihr Vermögen) unterscheidet, wobei freilich auch er übersieht, dass bis zu einem gewissen Grade auch in den letzteren immer eine Vertretung liegt. Der gewöhnliche Vertreter spielt nach Zimmermann's Meinung die Rolle eines ehrlichen Maklers, der bei seiner Verhandlung das eigene Vermögen unberührt lässt, es nicht vermehrt, aber auch es nicht vermindert. Ueber seinen eigenen Kopf hinweg setzt der Vertreter zwei Vermögensmassen mit einander in Verbindung, und selbst da, wo er ein mittelbarer oder stiller Vertreter ist, da brausen die Geschäftsfolgen wie ein Windsturm durch sein Vermögen hindurch, ohne irgend welche Folgen zu hinterlassen; denn was er erwirbt, das giebt er weiter, und was er ausgelegt hat, das wird ihm ersetzt. Anders jedoch da, wo wo dasselbe Geschäft mit einem Schlage drei verschiedene Vermögensmassen trifft und gewissermassen ein Terzett juristischer Beziehungen herstellt. So, wenn ich meiner Frau eine Rente er-

[1] Die Lehre von der stellvertretenden *negotiorum gestio*. S. 84. u. 85. Was Ogonowski, die Geschäftsführung ohne Auftrag nach österreich. Rechte (Lemberg 1877) S. 77 Anm. 80, gegen Zimmermann ausführt, widerlegt ihn nicht.

werbe. Im Erwerben bin ich hier Vertreter, nicht im Bezahlen, der gute Tropfen des Geschäftes wird hier von einem anderen genossen, als der böse. Diese Geschäftseigenthümlichkeit aber zeichnet nicht blos die Abreden zu Gunsten abwesender Dritter aus, sondern auch diejenigen zu Gunsten anwesender, zustimmender Dritter auf Kosten des gleichfalls anwesenden und zustimmenden Ersten. Der vertragsmässige Rechtserwerb für einen Dritten auf eigene Kosten, das ist es, was man sucht, wenn man die Verträge zu Gunsten Dritter in das Auge fassen will.

Hieraus ergiebt sich eine sehr wichtige Folgerung, welche Zimmermann nicht gezogen hat, obwohl sie sich im Wesentlichen schon bei Gareis vorfindet.[1] Von Verträgen zu Gunsten Dritter, welche sich von den gewöhnlichen Stellvertretungen als besondere Art unterscheiden, kann überhaupt nicht bei allen Abreden gesprochen werden, sondern sie sind nur möglich bei den zweiseitig belastenden Verträgen, welche man gewöhnlich zweiseitige oder zweiseitig-wirkende nennt, und zwar — beiläufig bemerkt — ungenau, weil auch der einseitige Vertrag, z. B. das Schenkungsversprechen, zwei Vermögensmassen beeinflusst, also nach zwei Seiten wirkt. Einseitig belastende Zusicherungen aber und abstrakte Versprechen, die von einem auftraglosen Geschäftsführer angenommen worden, fallen immer nur unter den Begriff der gewöhnlichen *negotiorum gestio* und wurden daher schon nach römischem Rechte von dem Verbote des Erwerbes für Dritte gar nicht berührt. Das, was man gemeinhin Vertrag zu Gunsten Dritter nennt, ist bei diesen Geschäften undenkbar. Nur durch eine Gegenleistung kann ich die Annahme einer Zusage für einen Dritten mit meinem Vermögen in eine Verbindung bringen, durch welche sie zugleich auch in ihren Folgen mein eigenes Geschäft wird.[2] Es scheint freilich so, als könne jemand auch ein Schenkungsversprechen, das ihm selber Vortheil bringen soll, zugleich für einen Dritten als Quelle eines klagbaren Rechtes dieses Dritten entgegennehmen,[3] allein dieser Schein trügt und zer-

[1] Vgl. Gareis a. a. O. S. 34. 211. 269.

[2] Anders liegt die Sache bei der Annahme von Zusagen, die einem Dritten vortheilhaft sind, für das eigene Vermögen des Annehmenden, so, wenn jemand ein Schenkungsversprechen des Inhaltes entgegennimmt, dass der Schenkende seinen Sohn unentgeltlich unterrichten will. Hier schliesst der Beschenkte natürlich ein eigenes Geschäft ab; er ist nicht Stellvertreter, aber auch nicht Contrahent für das Vermögen eines Dritten.

[3] Vgl. Martinius in den Gutachten aus dem Anwaltstande über die erste Lesung des Entwurfes eines bürgerlichen Gesetzbuches. Berlin. S. 598.

rinnt bei schärferer Betrachtung. Denken wir z. B. an einen Onkel, welcher seinen Neffen dadurch beschenken will, dass er dessen Schneider, dem der Neffe Geld schuldet, zu bezahlen verspricht. Soll der Neffe hier überhaupt ein klagbares Recht erhalten, so liegt ein Vertrag zu seinen eigenen Gunsten vor. Soll neben dem Neffen auch der abwesende Schneider durch den Vertrag zwischen Onkel und Neffen eine Klage erhalten, so ist dieses Zusatzversprechen zu der Zusage des Onkels allerdings ein unentgeltliches; allein der Neffe, der es entgegennimmt, schliesst insoweit kein Geschäft für sein Vermögen, kein eigenes Geschäft ab. Er selbst ist nur daran interessirt, dass der Schneider bezahlt wird und diesem Interesse entspricht sein eigenes Klagerecht. Nicht aber liegt ihm etwas daran, daneben noch dem Gläubiger Klagebefugnisse zuzuwenden. Thut er es dennoch, so ist er dessen unbeauftragter Geschäftsführer; daran ändert seine Stellung als Schuldner nichts. Er spielt keine andere Rolle, als sie jeder beliebige Freund des Schneiders spielen würde, der etwa die Zusage des Onkels für den Schneider entgegennähme.

Sollte etwa zwischen Onkel und Neffe verabredet sein, dass dieser gar kein Klagerecht auf Bezahlung des Schneiders erwerben, wohl aber, dass ein solches Recht auf die gleiche Leistung dem Schneider selbst erworben sein soll, dann wäre dies eine expromissio an einen unbeauftragten Stellvertreter, bei der der Neffe diese Vertreterrolle spielt. Ein Geschäft zwischen Onkel und Neffe (und zwar eine Schenkung) kommt hier erst dann zu Stande, wenn der Schneider vom Onkel Zahlung empfängt oder ihn statt des Neffen als alleinigen Schuldner annimmt.

Ebenso wenig, wie die Annahme eines Schenkungsversprechens für den Dritten aus dem Rahmen einer unbeauftragten Geschäftsführung hinausfällt, ebenso wenig ist dies hinsichtlich der Annahme eines abstrakten Versprechens oder des Abschlusses eines sonstigen abstrakten Geschäftes der Fall.[1] Dies wird oft verkannt,

---

[1] Richtig Bähr, Jahrb. f. Dogm. Bd. 6 S. 138 Anm. 7. Zimmermann freilich glaubt (a. a. O. S. 70 u. 84), dass ein Schuldner, welcher auf Kosten eines Vertragsgenossen eine Haftungspflicht gegenüber einem Dritten auf sich nimmt, diesem letzteren eine abstrakte Zusage macht. Allein ein solches Versprechen ist kein abstraktes. Seine *causa* liegt in den Beziehungen beider, des Versprechenden und des Dritten zu dem Empfänger des Versprechens, vgl. Bähr a. a. O. S. 136 flg. und jetzt auch das, was Windscheid, Die indirekte Vermögensleistung, Festgabe

namentlich auch von dem mehrfach erwähnten Entwurfe, der auch ein abstraktes Versprechen zu Gunsten des Dritten zulässt. (§ 416). Wer eine Auflassung oder ein Wechselaccept für einen anderen entgegennimmt, der kann bei einem solchen Geschäfte immer nur als Stellvertreter thätig sein; wenn er etwa wirklich aus eigener Tasche die Gegenleistung zahlte, so würde doch dieser Umstand dem Inhalte und den Folgen jener Erklärungen fern bleiben, sonst wären sie eben keine abstrakten Geschäfte. Wie bei der Annahme einer Schenkung die vertragsmässige Gegenleistung undenkbar ist, so ist sie bei der Entgegennahme einer abstrakten Zuwendung ohne Wirkung auf den Inhalt und die Kraft des Vertrages und darum müssen beide Fälle gleich behandelt werden.[1]

Der vertragsmässige Erwerb eines Rechtes oder der Befreiung von einer Last für einen Dritten auf eigene Kosten ist also der sogenannte Vertrag zu Gunsten des Vermögens eines Dritten, der gleiche Erwerb für ein fremdes Vermögen ohne Kosten oder für fremde Kosten, das ist die gewöhnliche Stellvertretung. Die unbeauftragte Entgegennahme eines formlosen Versprechens für einen Dritten, war also nach römischem Rechte für den Fall einer Zustimmung dieses Dritten nur dann eine unerlaubte *negotiorum gestio*, wenn sie nicht auf Kosten der Hülfsperson geschah.

Was der Vertrag zu Gunsten des Vermögens eines Dritten ist, das ist, wie Zimmermann richtig bemerkt,[2] eine ganz andere Frage, als diejenige, ob er gültig ist. Die älteren Romanisten unseres Jahrhunderts pflegten die Denkbarkeits- und Gültigkeitsfrage gern zu vermischen, indem sie den Gegnern mit der Behauptung den Mund stopften, dass sie sich deren Ansicht nicht einmal denken können. Dies Verfahren ist glücklicher Weise ausser Mode, doch kommt noch jetzt der entgegengesetzte Fehler

für Otto Müller. Leipzig 1892. S. 4 über die „Grundleistung" und die „Vollzugsleistung" mittelbarer Zuwendungen sagt.

[1] Selbst wenn ich mir von meinem Schuldner ausbedinge, dass ein Dritter als Correalgläubiger neben mich treten soll (vgl. Gareis a. a. O. S. 269), so geschieht dies Versprechen an den Dritten auf meine Unkosten. Diese bestehen darin, dass ich mich der Möglichkeit aussetze, bei Eintreibung der Forderung von dem neuen Nebengläubiger überholt zu werden, und durch dieses Opfer dem neuen Nebengläubiger sein Recht erwerbe.

[2] A. a. O. S. 82 nota 98.

[3] Vgl. Meischeider, Die alten Streifragen (in Bekker's und Fischer's Beiträgen zur Erläuterung und Bearbeitung des Entwurfes u.s.w.) S. 25—29. Motive, Bd. II S. 266.

vor. Man behauptet, sich irgend einen beliebigen Rechtssatz denken zu können, man beweist dies durch eine sogenannte „Construction“, bei der man zuweilen statt des geraden Weges einige kunstvolle Kreuz- und Quersprünge wählt, und verlangt nun für das mühevoll Erdachte ohne Weiteres die Gültigkeit, ohne auch nur zu fragen, ob das, was man sich allerdings denken kann, auch werthvoll genug ist, um gedacht und in Thaten umgesetzt zu werden. Auf diesem Wege sind z. B. die Gültigkeit der Versprechen ohne Vermögenswerth und die Zulassung aller formlosen abstracten Zusagen zur herrschenden Lehre geworden, auf ihm hat sich auch der Glaube an die Gültigkeit und Zulässigkeit der Verträge zu Gunsten Dritter verbreitet. Ihm entspricht die Redeweise der Motive des Reichsgesetz-Entwurfs, welche die Frage, ob diese Verträge vielleicht entbehrlich oder schädlich sein könnten, überhaupt nicht erörtern.[1] Was dagegen unsere Pandektenlehrbücher betrifft, so sind sie für die Sicherheit der Rechtspflege in unserer Frage unzureichend, während sie für die Rechtsprechung allerdings sehr bequem sind. Wenn der Richter, welcher den Inhalt unserer Lehrbücher auf sich wirken lässt, einen Vertrag vor sich sieht, in dem einem abwesenden Dritten ein Vortheil ausbedungen ist, so hat er zwei Möglichkeiten. Entweder er will das Geschäft gelten lassen, dann beachtet er den Paragraphen des allgemeinen Theiles, welcher die stellvertretende *negotiorum gestio* zulässt. Gefällt ihnen dagegen das Geschäft nicht, so gewährt ihm der allgemeine Theil des Forderungsrechts das grundsätzliche Verbot der Verträge zu Gunsten Dritter. So geniesst er denn jene königliche Ungebundenheit, von welcher Pomponius an einer bekannten Stelle treffend sagt: *„Omnia manu gubernabantur.“*

Freilich ist es nicht leicht, die übliche widerspruchsvolle Schilderung des römischen Rechtes durch eine wirklich quellenmässige zu ersetzen. Wenn die Römer die *negotiorum gestio* bei formlosen Verträgen erlaubten und damit das *„alteri aquirere“* verboten, so kann doch nur der Grund dieses letzteren Verbotes uns über seinen zweifelhaften Inhalt aufklären. Was aber Ulpian nach der herrschenden Ansicht über die Verträge für ein fremdes Vermögen sagt: *„Ceterum, ut alii detur, nihil interest mea“*, ist nahezu berüchtigt. Es verlohnt sich, die bekannte Stelle hier zu genauerer Betrachtung abzudrucken. Sie lautet (l. 38 § 17 dig. de verb. obl. 45, 1):

---

[1] Mot. II. S. 265—273.

*Alteri stipulari nemo qotest, praeterquam si servus domino, filius patri stipuletur: inventae sunt enim hujusmodi obligationes ad hoc, ut unusquisque sibi adquirat quod sua interest: ceterum ut alii detur, nihil interest mea.*

Diese Stelle spricht nun zunächst überhaupt nicht von einem Vertrage zu Gunsten eines fremden Vermögens, vielmehr von *sibi* (nicht *alteri*) *acquirere, quod sua non interest.* Das ist das „*alteri stipulari*", die Annahme eines Versprechens für das eigene Vermögen, dessen Inhalt dahin geht, dass der Schuldner einem Dritten etwas geben soll, ein besonderer, nach dieser Stelle im römischen Recht ausgezeichneter Fall des Versprechens einer Leistung, welche einem Dritten vortheilhaft ist, aber nur für den Empfänger der Zusage durch Klage beitreibbar sein soll. Ein Versprechen, das dem Dritten eine klagbare Forderung verschaffen will, wie es in der l. 11 dig. de obl. et act. 44, 7 mit vollster Deutlichkeit für unmöglich erklärt wird, ist in der abgedruckten Stelle um so weniger in das Auge gefasst, als dies bei der *stipulatio* aus dem weit näher liegenden Grunde unmöglich war, dass der Anwesenheitszwang für den Stipulationsgläubiger ein solches Geschäft verbot. Dazu kommt, dass die *stipulatio* ein abstractes Geschäft war und daher bei ihr das Eintreten eines Empfängers der Zusage schlechterdings nur unter den Gesichtspunkt der Vertretung im Erwerbe fallen konnte, weil bei einem solchen Geschäfte das Unterscheidungsmerkmal zwischen der erwerbenden Vertretung und der vertragsmässigen Bereicherung eines Dritten, d. i. die von der Mittelsperson gemachte Aufwendung aus eigenen Mitteln, nicht zum Geschäftsinhalte gehören kann. Dass in der Stelle von dem Erwerbe eines Rechtes für den Dritten nicht die Rede ist, ergiebt sich aber ganz deutlich daraus, das Ulpian weiterhin einen Ausweg vorschlägt, der nach seiner Meinung im praktischen Endergebnisse dem unzulässigen *alteri stipulari* gleichkommen soll:

*plane si velim hoc facere poenam stipulari conveniet, ut, si ita factum non sit, ut comprehensum est, committetur stipulatio etiam ei cuius nihil interest.*

Hier sehen wir deutlich, dass es bei dem besprochenen Geschäfte nur darauf abgesehen ist, dem Empfänger des Versprechens eine Klage zu verschaffen, nicht seinem Günstlinge.[1]

---

[1] Es ist daher leider auch heutzutage eine Mahnung noch immer nicht völlig beachtet, welche schon Hugo Grotius (*de jure belli ac pacis* II. c. 11 § 18) aussprach: „*Distinguendum est inter promissionem mihi factam*

Immerhin ist die Stelle nicht ohne Bedeutung für die wahren vertragsmässigen Bereicherungen Dritter. Man kann bei ihr die sogenannte *argumentatio a majori ad minus* anwenden. Wenn Ulpian, so kann man mit Recht folgern, mir es nicht einmal erlauben will, für mich selbst eine Klage auf eine Zuwendung an einen Dritten auszubedingen, weil mir das Interesse an einem solchen Geschäfte fehle, um so viel mehr muss er mein Interesse an einem Vertrage bestreiten, aus dem der Dritte nicht bloss eine Leistung, sondern sogar eine Klage auf diese Leistung erhalten soll. In der That steht das Bedürfniss nach beiden Arten von Geschäften auf gleicher Linie und ebenso, wie wir sehen werden, ihre Gefährlichkeit. Dies mag die häufige Verwechslung beider verzeihlicher erscheinen lassen.

Um Ulpian's Erwägung zu beseitigen, führen Neuere ein Selbstlob der modernen Herzensgüte ins Feld. Sie sehen in Ulpian's Gedanken lediglich einen Ausdruck kaltherziger Gleichgültigkeit der heidnischen Römer, der für uns einen überwundenen Standpunkt darstellt. Ein holländischer Jurist[1] beging sogar den Missgriff, gegen das römische Verbot der Verträge zu Gunsten Dritter das schöne Wort des Corintherbriefes anzuführen: Die Liebe sucht nicht das Ihre. Dass indessen es auch schon den Römern eine Freude gewährte, ihren Mitmenschen eine Wohlthat zu erweisen, ist uns zum Ueberflusse in den Pandekten bezeugt (l. 7 dig. de serv. export. 18, 7), woselbst Papinian meint: *Beneficio adfici hominem interest hominis.* Und würde die Geschichte davon schweigen, so würden tausend Steine redend zeugen, die Trümmer gemeinnütziger römischer Bauten des grössten Stils. Dazu kommt, dass der Empfänger einer Zusage für einen Dritten alle Veranlassung hat, bei dem unverdienten Lobe seines Wohlthätigkeitssinnes, mit welchem ihm neuere Schriftsteller förmlich überhäufen, schamroth zu werden; denn Zimmermann[2] hat nachgewiesen, dass er durchaus nicht immer Schenkungsabsichten verfolgt, sondern zuweilen auch andere Zwecke, z. B. dem Dritten eine Schuld bezahlen, ihn zu einer Gegenleistung verpflichten will und dergl. mehr. Und doch streitet Ulpian nicht blos ihm, sondern jedem,

---

*de re danda alteri et inter promissionem in ipsius nomen collatum cui res danda est.*

[1] *Simon a Groenewegen, tractatus de legibus abrogatis et inusitatis in Hollandia vicinisque regionibus Amstelaedami 1869* zu § 19. inst. de inutil. stip. 3, 20. Nr. 2. S. 49.

[2] A. a. O. S. 82 Anm. 98.

der sich selbst ein Klagerecht darauf, dass eine Zuwendung an einen Dritten erfolge, ausbedingt, das Interesse an diesem Geschäfte ab. Das erscheint in der That befremdlich. Wir müssen uns jedoch hier des Umstandes erinnern, dass die Worte *„id quod mea interest“*, ebenso wie das deutsche „Interesse“, zwei verschiedene Dinge bezeichnen, welche oft mit einander verwechselt werden, nämlich den Wunsch und den Vortheil. Das, was ich will, und das, was mir gut ist, deckt sich durchaus nicht immer; des Menschen Wille ist nicht sein Himmelreich, sondern Lessing bemerkt mit Recht, das Gott uns zuweilen am Schwersten durch die Erfüllung unserer Wünsche bestraft. So sagen wir z. B. von jemand, er habe ein Interesse an Rennpferden, welches jedoch nicht in seinem Interesse liege, und gebrauchen hier das Wort in seinen zwei Bedeutungen. Ein Interesse als Wunsch ist immer vorhanden, wenn man sich etwas versprechen lässt; denn ohne die Triebkraft des Begehrens würde der Mechanismus des Vertragsschlusses nicht spielen können. Ob aber da, wo sich jemand ausbedingt, immer auch ein Vortheil für ihn vorliegt, namentlich ein rechtlich und sittlich billigenswerther Vortheil, das ist eine andere Frage. Und gerade diese andere Frage suchte Ulpian zu beantworten. Man verwechsele hier nur nicht zwei ähnliche Dinge: meinen Wunsch, einem anderen überhaupt etwas zuzuwenden, und den Wunsch, es ihm gerade in der Form eines Vertrages mit einem Dritten auf eigene Kosten zuzuwenden. Der Wunsch einem anderen etwas zuzuwenden, ist zweifellos vom Rechte gebilligt. Wollte Ulpian mit seinen Worten (*ceterum, ut alii detur, nihil interest mea*) diesen Wunsch missbilligen, so würde er etwas völlig Sinnloses ausgesprochen haben, nämlich eine Verwerfung aller und jeder Veräusserungsgeschäfte. Sein Satz ist ja ganz allgemein gefasst und es wäre eine *petitio principii*, ihn auf Schenkungen zu beschränken. Dass es für mich vortheilhaft ist, anderen etwas zuzuwenden, kann also ein Ulpian nicht bestritten haben, was er bestreitet, ist nur die Vortheilhaftigkeit und die Angemessenheit der Zuwendungsform des *„alteri stipulari“*. Ulpian hält es nicht für vortheilhaft, etwas, was man kaufen will, um es einem Dritten zuzuwenden, ihm in der Art zu verschaffen, dass es in das eigene Vermögen des Käufers niemals hineinkommt. Will z. B. ein Bräutigam seiner Braut einen Schmuck kaufen, so ist es angemessen, wenn der Entgelt für seine Ausgabe, d. i. ein Schmuck, zunächt in sein Vermögen kommt, ehe er in dasjenige der Braut hinüberwandert. Dadurch kommen seine Bezeichnungen zu der

Beschenkten erst in die richtige Form. Nur so wird das, was in wirthschaftlicher Hinsicht eine Schenkung sein soll, auch in juristischer Hinsicht unter die Vorschriften über Schenkung gestellt, und auch da, wo ich für den Dritten in eigennütziger Weise handle, z. B. mir von ihm eine Gegenleistung ausbedinge dafür, dass ich ihm einen Schuldner verschaffe — der ihm z. B. gewünschte Waaren verspricht —, auch da ist es angemessen, dass die von dem Dritten erworbene Forderung zunächst in mein Vermögen kommt, ehe sie an den Dritten gelangt. Ist nämlich mein Geschäft mit diesem Dritten aus irgend einem Grunde nichtig oder anfechtbar, z. B. wegen Irrthums, dann ist es für mich von Werth, dass auch im juristischen Sinne zwischen mir und ihm ein Geschäftsabschluss vorliegt, welchen ich aus dem allgemeinen Nichtigkeits- und Anfechtungsgründen umstossen kann. Ist aber hier das erworbene Recht aus dem Vermögen der anderen Vertragspartei auf meinen Wunsch sogleich in dasjenige des Dritten hineingesprungen, so bin ich, wenigstens nach dem Wortlaute der Gesetzestexte und der gangbaren Lehrbücher, nicht befugt, eine derjenigen Klagen anzuwenden, welche lediglich zur Anfechtung eigener Veräusserungen gegeben sind. Hiergegen könnte man freilich erwidern, dass der Urheber eines so unvortheilhaften Geschäftes dies alles selbst gewollt habe. Der Wunsch eines solchen Sprunges von Rechten aus einem fremden Vermögen in ein drittes auf unsere Kosten ist aber nicht blos in wirthschaftlicher Hinsicht, d. h. nicht blos vom Standpunkte unseres eigenen Vortheiles aus, ein unberechtigter, sondern er ist auch in vielen Fällen als ein Deckmantel unredlicher Absichten bedenklich und konnte deshalb von den Römern nicht als Gegenstand eines billigenswerthen Interesses anerkannt werden. Weit mehr noch, als der opferfreudige Geber, der für einen Dritten ein Recht auf seine Kosten erwirbt, sind seine Gläubiger und seine Pflichttheilerben daran interessirt, dass die Gegenleistung für den Aufwand, den er macht, zunächst in sein Vermögen als ein Ersatzstück für die verschwundene, ihnen bis dahin haftbar gewesene Masse eintritt. Wo es noch Generalpfandgläubiger giebt, da kommen auch diese in Frage. Wenn jemand sein Vermögen so veräussern dürfte, dass die Gegenleistungen für alles, was er fortgiebt, an seine Freunde und Verwandte fallen, ohne in sein Vermögen gekommen und von einem vorhandenen Generalpfandrechte ergriffen zu sein, so würde dies letztere Recht auf schwachen Füssen stehen, zum Schaden der Pfandgläubiger würde der Generalpfandschuldner alle seine Sparpfennige, vielleicht sogar Summen, die er betrüglicher Weise zu diesem Zwecke als Darlehen aufgenommen hat, für seine Frau und seine Kinder pfandfrei anlegen können. Allein bei jeder Einzelverpfändung zukünftigen Eigenthumes würde der Pfandschuldner ungestraft die Pfandgegenstände durch Verträge zu Gunsten eines Dritten gewissermassen um sein Vermögen herumleiten und den Gläubigern entziehen können. Wer z. B. den Inhalt seines Kramladens verpfändet hat, kann da, wo die Verträge zu Gunsten Dritter ohne Einschränkung anerkannt werden, die neu anzuschaffenden Waaren von dem, der sie ihm liefert, unmittelbar in das Vermögen der Kunden hinübergeben lassen, die sie dem Liefernden abnehmen und umgekehrt, das Geld, welches ihm die Kunden schulden, den Lieferanten sogleich überweisen, ohne dass dort die Waaren und hier das Geld in sein Handelsvermögen kommen. Was er anschafft, das lässt er dann von seinen Kunden bezahlen, was er verausgabt, das veräussert er zwar zu seinem Vortheile, aber nicht zu demjenigen der Pfandgläubiger. So könnte er den vorhandenen Bestand seinen Gläubigern vor der Nase wegescamotiren, ohne dass der Umfang seines Gewerbes gefährdet würde. Allein auch die gewöhnlichen Gläubiger sind durch die Verträge zu Gunsten Dritter gefährdet. Sie haben z. B. bekanntlich gegenüber beschenkten Rechtsnachfolgern ihres Schuldners weitergehende Anfechtungsrechte, als gegenüber anderen. Verschenkt nun ein Schuldner etwas durch einen Vertrag mit einer *persona interposita,* der zu Gunsten dessen, welcher beschenkt werden soll abgeschlossen wird (so z. B. wenn jemand in Voraussicht seiner Zahlungeinstellung für eine Freundin einen kostbaren Schmuck bestellt und im Voraus bezahlt), so entzieht er das Geschäft der gewöhnlichen Schenkungsform und der für sie bestimmten besonderen Anfechtbarkeit. Was von Schenkungen hier gesagt ist, das gilt (*mutatis mutandis*) auch von den Geschäften mit nahen Angehörigen, welche nach Reichsrecht einer erhöhten Anfechtbarkeit unterliegen.

Ueberall erwiesen sich also die Verträge zu Gunsten Dritter als den Gläubigern gefährlich; denn das römische Recht kennt zwar Anfechtungsrechte der Gläubiger gegen denjenigen, welche vom Schuldner etwas erworben haben, nicht aber gegen diejenigen, welche auf seine Kosten von einem Dritten etwas erlangten.

Dabei ist zu beachten, dass Ulpian, wie wir sahen, die Verträge, bei denen jemand eine für ihn selbst klagbare Vermögenszuwendung an einen Dritten ausbedingt, mit Recht für ebenso gefährlich hält, wie eine solche, bei der der Dritte selbst auf die Leistung soll klagen können. Falls jemand angesichts einer drohenden Zahlungsunfähigkeit seiner Freundin unter Vorausbezahlung einen Schmuck bestellt, so schädigt dies seine Gläubiger nicht minder dann, wenn nur die Freundin eine Klage haben soll, als dann, wenn er selbst zwar eine Klage erwirbt, diese aber nur darauf gehen soll, dass der Schmuck unmittelbar in ihr Vermögen hinübergegeben werde, so dass die Gläubiger des Bestellers, selbst wenn dies Recht für sie ausgeübt wird, das Nachsehen haben. Das Zuwenden einer Bereicherung ist eben eine Leistung ganz besonderer Art, und unterscheidet sich von anderen Leistungen an einen Dritten, ein Unterschied, den der Entwurf des bürgerlichen Gesetzbuches für das Deutsche Reich übersehen hat, nicht aber das römische Recht. Wo dem Dritten eine vortheilhafte Leistung zugewendet werden sollte, die nicht in seiner Bereicherung oder doch nicht in seiner alleinigen Bereicherung, also nicht lediglich in einem *dare* an den Dritten bestand, da liess derselbe Ulpian, welcher das Wort, *ut alii detur nihil interest mea* ausgesprochen hatte, die Möglichkeit eines Interesses an der dem Dritten zugewandten Leistung und die Klagbarkeit des Geschäftes zu.[1] So z. B. wenn der Dritte nicht für sich allein etwas empfangen soll, sondern als Vertreter des Ersten, der die Zusage entgegennahm, eine Sache erhalten oder als dessen Gläubiger dadurch befriedigt werden soll, so dass in der Leistung an ihn auch eine Schuldbefreiung des Ersten, also eine Vermögenszuwendung an diesen letzteren liegt.[2] Das *alteri dari stipulari* ist hier zugleich ein *sibi ipsi dari stipulari*. Gegenüber Leistungen aber, die überhaupt nicht in einem *dare* an einem Dritten bestehen, sondern in einer anderen ihm vortheilhaften Handlung, ist die Möglichkeit eines vertragsmässigen Forderungserwerbes für den Empfänger des Versprechens wohl niemals zweifelhaft gewesen, sofern er an dessen Ausführung ein vernünftiges Interesse hatte. So muss es schon nach römischen Rechte möglich gewesen sein, eine Forderung darauf zu erwerben, dass einem Dritten ein musikalisches Ständchen dargebracht oder ein Theaterplatz eingeräumt werde. Solche Leistungen verrauschen, ohne im Vermögen des Empfängers eine bleibende Nachwirkung zu hinterlassen.[3] Wo aber ein *alteri dare*,

---

[1] L. 33. § 20—24 dig. de verb. obl. 45, 1. § 20 inst. de inutil. stip. 3, 19.

[2] § 20 inst. cit. 3, 19.

[3] Ein Klagerecht für den Dritten konnte man sich freilich auch bei diesen in ihren Folgen vergänglichen Leistungen nicht ausbedingen, was

also eine bleibende Nachwirkung beabsichtigt war, da lag ein gefährliches Geschäft vor, gegen welches die gewöhnlichen Anfechtungsmittel wider Hintergehung der Gläubiger kleinen Schutz gewährten, weil sie sich gegen redliche nicht beschenkte Dritte nicht richteten, also den ehrlichen Schuldner, der auf Kosten seines Vertragsgenossen dem Dritten einen Vortheil zuwendete, nicht zu treffen vermochten, den Dritten aber nicht trafen, weil er sein Recht nicht aus dem Vermögen des Ersten herleitete.

Dass dieser Standpunkt des römischen Rechtes noch von der heutigen Praxis festgehalten werde, bezweifelte der Verfasser dieser Abhandlung in einem Vortrage, den er in der juristischen Gesellschaft zu Berlin im vorigen Jahre hielt. Hierauf wurde von einem hervorragenden Rechtsanwalte, welcher zu den bekanntesten Schriftstellern zählt, die Behauptung aufgestellt, dass die gegenwärtige Praxis ohne Zweifel einen vollen Schutz gegen betrügliche Verträge für fremde Vermögensmassen gewähre. Wenn jemand ein Versprechen auf eigene Kosten mit Zustimmung eines Dritten für dessen Vermögen entgegennehme und dadurch eine unerlaubte Zuwendung an ihn verschleiere, so werde die Rechtspflege ganz gewiss keinen Anstand nehmen, dies Geschäft aus den rechtswidrigen Beziehungen zwischen beiden sowohl gegenüber dem Bereicherten als auch gegenüber dem redlichen Schuldner anfechten zu lassen. So namentlich auch in dem angeführten Beispiele des zum Nachtheile der Gläubiger erworbenen Forderung auf Herausgabe eines Schmuckes, die der Besteller für die anwesende Freundin mit deren Zustimmung auf eigene Kosten ausbedingt.

Eines solchen festen Gerichtsgebrauchs erinnert sich der Schreiber dieser Zeilen aus seinen eigenen Erfahrungen in der Rechtspflege allerdings nicht. Entweder ist er damals seiner Beobachtung entgangen oder er hat sich erst in dem letzten Decennium entwickelt. Er stellt vom Standpunkt des bisher Ausgeführten nicht nur ein durchaus billigenswerthes Gewohnheitsrecht dar, sondern er verkörpert geradezu den Gedanken, auf dessen wissenschaftliche Festlegung dieser Aufsatz abzielt, weil sich eine solche mit klaren Worten weder in den gangbaren Lehrbüchern des gemeinen Rechtes, noch in dem für die Berliner Praxis bedeutsamen Preussischen Landrechte vorfindet. Dass aber ein derartiger Satz dort nicht

sich wohl daraus erklärt, dass an der Zulassung einer solchen Abrede wohl kaum ein erheblicheres Bedürfniss bestand.

zu finden ist, erklärt sich am natürlichsten daraus, dass er dem römischen Rechte fremd und in Justinian's Sammlung schlechterdings nicht enthalten ist. Im römischen Rechte bedurfte es seiner nicht; denn die Einsicht in die Gefährlichkeit der geschilderten Rechtsgeschäfte führte damals zu einem andern Ergebnisse, nicht zur erhöhten Anfechtbarkeit, sondern zur gänzlichen Unzulässigkeit dieser bedenklichen Geschäftsform. Ihre Gefährlichkeit erklärt die Ungültigkeit des *alteri stipulari*, wie der Verträge für das Vermögen eines Dritten, und erläutert auch die Ausnahmen, welche eine spätere Zeit von diesem Verbote zuliess, einem Verbote, das hiernach weder auf logischen, noch auf ethischen, sondern auf überaus verständlichen praktischen Gesichtspunkten beruhte.

In dieser Hinsicht lohnt es sich, zunächst die Frage zu erörtern, ob nicht auch die sogenannte active Delegation und die Anweisung zu den Verträgen zu Gunsten Dritter gehören. Zimmermann meint, dass von ihnen bis zu den genannten Verträgen nur ein Schritt ist.[1] Wir dürfen aber mit Recht fragen, worin dieser Schritt besteht. Im Entwurfe des bürgerlichen Gesetzbuchs für das Deutsche Reich ist die Anweisung von den Verträgen zu Gunsten Dritter getrennt (§§. 605—613) und der allgemeinen Forderungslehre entrückt worden. Auch unsere Lehrbücher lieben es, sie den besondern Forderungslehren einzuverleiben und unter den Begriff des Mandats zu stellen. Hierbei liegt nun eine handgreifliche Verwechslung vor, veranlasst durch die Mehrdeutigkeit des Wortes *„mandatum"*. Dieses bezeichnet bekanntlich bald einen einseitigen Auftrag, bald einen gegenseitigen Vertrag, den Mandatsvertrag, welchem man besser mit Auftragsübernahme verdeutscht als mit „Auftrag"; denn erst die Uebernahme verpflichtet den Beauftragten, nicht schon der Auftrag.[2] Es kommen zwar bei den Anweisungen immer zwei Aufträge vor, keineswegs aber immer zwei Auftragsübernahmen, z. B. da, wo der Angewiesene nur ermächtigt, nicht verpflichtet ist, zu zahlen,[3] liegt kein Mandatsvertrag vor, und das gleiche gilt von der blossen Ermäch-

---

[1] A. a. O. S. 81., vgl. auch Gareis a. a. O. Die Verträge zu Gunsten Dritter. Würzburg 1873. S. 263 flg. und jetzt Windscheid, Die indirecte Vermögensleistung. Leipzig 1892. S. 1 flg.

[2] So würde z. B. die Verständlichkeit des § 138, 2 des Entwurfes eines bürgerlichen Gesetzbuches für das Deutsche Reich in der zweiten Lesung (Archiv f. c. Praxis Bd. 79 S. 163) sehr gewinnen, wenn dort statt „Auftrag" „Auftragsübernahme" stände.

[3] Vgl. Windscheid, Die indirekte Vermögensleistung 1892. S. 5.

tigung des Anweisungsempfängers, den Angewiesenen als Schuldner anzunehmen. Auch kann der verabredete Entgelt, die *causa* der Anweisung, sowohl zwischen dem Anweisenden und dem Angewiesenen als zwischen dem Anweisenden und dem Anweisungsempfänger auf jeder andern denkbaren Uebereinkunft ebenso gut beruhen, wie auf dem unentgeltlichen Mandatsvertrage. Aber eben deshalb ist die Anweisung genau so gefährlich, wie die bisher erörterten Verträge zu Gunsten Dritter es sind, und nicht ohne Grund nehmen die Motive zwischen diesen und ihr eine Analogie als zutreffend an.[1]

Einen Erwerb für den Dritten enthält aber die Anweisung zunächst nicht; denn der Anweisungsempfänger erwirbt ein Recht nicht schon aus der Verhandlung der andern beiden Betheiligten, des Anweisenden und des Angewiesenen, sondern erst durch einen neuen Vertrag, der nur zwischen dem Angewiesenen und ihm stattfindet. Die Verhandlungen zwischen dem Urheber der Anweisung und dem Angewiesenen bereiten den Erwerb des Dritten nur vor, nicht aber bringen sie ihn bereits zu Stande. Folgt aber dieser Vorbereitung ihr eigentliches Ziel nach, so wird der Anweisungsempfänger auf Kosten des Anweisenden mittelbar bereichert; denn dieser zahlt dem Angewiesenen den Entgelt für seine Zusage. Der Entwurf ist freilich weit entfernt davon, die Gefährlichkeit dieser Zuwendungsform und ihre grundsätzliche Anfechtbarkeit aus den Beziehungen, aus denen sie erwächst, anzuerkennen; er steigert sie vielmehr noch auf künstliche Weise durch die schwer zu rechtfertigende Vorschrift des § 609. Nach diesem soll der Anweisungsempfänger, dem ich auf meine Kosten als Anweisender eine Forderung verschafft habe, erst dann als Empfänger dieser meiner Zuwendung gelten, wenn der Angewiesene ihm die Schuld wirklich bezahlt hat, nicht schon dann, wenn der Angewiesene ihm bereits haftet. Wenn aber Jemand seinem Banquier 1000 Mark sendet, damit dieser einem Freunde, der dadurch beschenkt werden soll, auf Anweisung des Absenders 1000 Mark anszahle, und wenn der Banquier sich demnächst dem Freunde zur Zahlung verpflichtet, so hat zwar der Schenker die 1000 Mark verloren, der Beschenkte aber soll nach dem Entwurfe so behandelt werden, als habe er noch nichts erhalten, obwohl er vielleicht eine ganz sichere, wohl verwerthbare Forderung gegen den Banquier bekommen hat. Demgemäss würde ihm gegenüber die

[1] Bd. II S. 268.

Schenkung noch nicht angefochten werden können, bis er sie erhebt. Immerhin ist es als erfreulich anzuerkennen, dass der Entwurf wenigstens dann diese mittelbare Zuwendung wie eine unmittelbare behandelt wissen will, wenn gezahlt ist, so dass das Geschäft wenigstens dann wegen Grundlosigkeit oder wegen verbotenen Zweckes angefochten werden kann, ein Satz, welcher aus den allgemeinen Sätzen des Entwurfes über ungerechtfertigte Bereicherung (§§. 737, 742, 745, 747, 748) keineswegs folgen würde, sondern höchstens durch ausdehnende Auslegung würde gewonnen werden können.

Besehen wir uns nun aber eine Anweisung, bei der der Anweisende nicht bloss einen Auftrag giebt, sondern zugleich für den dritten Anweisungsempfänger als dessen unbeauftragter Geschäftsführer das Versprechen entgegennimmt, welches der Angewiesene nach der Anweisung abgiebt, so sehen wir einen Sachverhalt vor uns, welcher einem Vertrage zu Gunsten des Vermögens eines Dritten gleicht wie ein Ei dem andern.

Nach römischem Rechte war freilich eine solche *negotiorum gestio* für den abwesenden Gläubiger darum nicht möglich, weil das Versprechen des Delegaten an den Delegatar der Stipulationsform, also der Anwesenheit des Dritten bedurfte. Da nun aber an die Stelle der römischen Stipulationen überall formlose Verträge getreten sind, so liegt die Frage nahe, ob nicht die sogenannten Verträge zu Gunsten des Vermögens eines Dritten einfach aus der römischen *delegatio* erwachsen sind, dadurch, dass dieses Geschäft die Stipulationsform abstreifte und deshalb das Eintreten eines *negotiorum gestor* für den Delegatar möglich machte. Wir sahen aber oben, dass die Gefährlichkeit der Verträge für ein fremdes Vermögen mit der Abwesenheit des Dritten nicht zusammenhing, sondern mit der Bereicherung des Dritten auf die Kosten dessen, der für ihn handelt. Eine solche liegt aber auch bei der Delegation vor, der Delegant trägt die Kosten des Versprechens, welches der Delegat dem Delegatar abgiebt. Sollten die Römer hier die Gefährlichkeit des Geschäftes übersehen und durch seine Anwendung es möglich gemacht haben, das Verbot des *alteri stipulari* da zu umgehen, wo der Dritte bei dem Geschäfte zugegen war und als *stipulator* die ihm zugedachte Leistung entgegennahm?

Zur Beantwortung dieser Frage wenden wir uns zunächst dem Normalfalle der activen Delegation zu, demjenigen, in welchem sie eine Novation enthält, d. h. einen neuen Gläubiger an die

Stelle eines alten setzt.[1] Die Ueberweisung des Schuldners Seitens des alten Gläubigers an einen neuen Gläubiger ist allerdings ein Vertrag, der auf Kosten der einen Partei zu Gunsten des Vermögens eines Dritten geschieht und der ausnahmsweise im römischen Rechte zugelassen ist. Auch sie enthält, wie die Anweisung, zunächst zwei blosse Ermächtigungen seitens eines bisherigen Gläubigers: an den Schuldner, einen neuen Gläubiger anzunehmen, und an diesen, in die Gläubigerrolle einzutreten. Sie unterscheidet sich nur dadurch von allen andern Anweisungen, dass bei ihr stets der Angewiesene der Schuldner des Anweisenden ist, und dass der Inhalt des dem Anweisungsempfänger zugewandten Forderungsrechts mit demjenigen der bisherigen Schuld des Angewiesenen sich deckt. Aber gerade dieser Umstand macht das Geschäft zum ungefährlichen und erklärt seine Zulassung. Weil die neue Forderung in ihrem Inhalte der bisherigen gleicht, so gewinnt der Dritte hier genau dasselbe, was der Delegant verliert, das Vorhandensein einer unmittelbaren Zuwendung vom alten Gläubiger an den neuen ist hier ausser Zweifel und ebenso die Höhe dieser Zuwendung.[2] In diesem Sinne ist daher auch der Satz zu deuten: *Solvit et qui reum delegat.* Folglich kann das Geschäft grundsätzlich überall da angefochten werden, wo die Beziehungen zwischen ihnen beiden (dem Deleganten und dem Delegatar) dies rechtfertigen.[3]

Wir können an dem Satze: „*Solvit et qui reum delegat*“ nicht vorübergehen, ohne sein Verhältniss zu der Regel: „Anweisung ist keine Zahlung“, zu berühren, da man in letzterer einen deutschen Rechtssatz gesehen hat, welcher der römischen Regel widerspricht und sie aufhebt.[4] Bei genauerer Betrachtung werden wir jedoch bemerken, dass beide Sätze verschiedene Dinge enthalten, welche sich nicht entsprechen und dass das angeführte lateinische Wort

[1] Darüber, dass dieser normale Fall der *delegatio* nicht der einzige ist, sondern *delegationes* auch ohne *novatio* vorkommen, vgl. Windscheid, Die indirekte Vermögensleitung. Leipzig 1892. S. 5 und S. 23 flg. auch Pandekten II. § 393 Anm. 5. 7. Aufl. S. 313 und die dort Angeführten.

[2] l. 87 dig. de v. s. 50, 16. l. 18 dig. de fidej. 46, 1. l. 26 § 2. mand. 17, 1. vgl. aber auch Dernburg, Pand. Bd. II § 119 A. 10. 3. Aufl. S. 32.

[3] Vgl. Windscheid a. a. O. S. 11 flg. Man verwechsle diese Frage nicht mit der anderen, ob das Versprechen des Delegaten auch aus dessen Beziehungen zum Deleganten dem Delegatar gegenüber anfechtbar ist. Diese Frage gehört nicht hierher. Ueber sie vgl. Windscheid a. a. O.

[4] Vgl. Dernburg a. a. O.

ebenso sehr Deutschen Rechtes ist, wie die scheinbar widersprechende deutsche Regel auch schon dem römischen Rechte zu Grunde gelegen haben muss. Ein römischer Gläubiger wird es sich keinesfalls als Zahlung haben anrechnen müssen, dass der zahlungsfähige Schuldner eine andere beliebige Person durch *delegatio* ihm als Schuldner an seiner Statt überwies. Zahlungskraft kann die *delegatio* auch in Rom nur da gehabt haben, wo der Gläubiger die Forderung gegen den neuen Schuldner als einen Ersatz für seinen bisherigen Anspruch freiwillig entgegennahm. Für diesen Fall allein kann der Satz gegolten haben: „*Solvit et qui reum delegat*": in gleichem Sinne gilt er aber zweifellos auch heutzutage und die Regel „Anweisung ist keine Zahlung" betrifft lediglich den Fall, in welchem der Gläubiger den neuen Schuldner nur als Nebenschuldner neben dem alten annimmt. Für diesen Fall muss aber das Gleiche auch im römischen Rechte gegolten haben. Ein Widerspruch zwischen dem römischen und dem heutigen Rechte liegt also hier nicht vor. Wenn freilich der Satz: „*Solvit et qui reum delegat*" nichts besagte, als dass die durchgeführte Anweisung da Zahlungskraft hat, wo dies dem erklärten Willen des Gläubigers entspricht, so würde er etwas recht Selbstverständliches bekunden. Der Satz sagt aber mehr als dies. Er behauptet nicht bloss die Zahlungskraft dieses Geschäftes, er theilt dem Deleganten die Rolle eines *solvens* zu (*delegans qui reum delegat delegatario solvit*), nimmt also ein Zahlungsgeschäft zwischen den beiden an, obwohl sie mit einander nicht verhandelt haben, vielmehr der *delegans* vielleicht nur mit dem *delegatus* und dieser mit dem *delegatarius* in Verbindungen getreten ist. Dies ist keineswegs selbsverständlich, aber sehr wichtig, weil hieraus die Anfechtbarkeit der mittelbaren Bereicherung des *delegatarius* auf Kosten des *delegans* aus allen den Gründen, aus denen Zahlungen rückgängig gemacht werden können, folgt. Diese ist es aber, welche dem Geschäfte seine Gefährlichkeit nimmt.

Die novirende active Delegation, welche im heutigen Verkehrsleben von ihrer jüngeren Schwester, der Cession, nahezu in den Schatten gestellt ist, leistet trotzdem der Praxis noch immer gute Dienste, namentlich dort, wo der Delegant nicht blos den Delegaten anweist, sondern zugleich als unbeauftragter Verteter für den Dritten, also für den Delegatar, das Versprechen des Angewiesenen annimmt. Dann fällt sein Verhalten unter den Begriff eines erlaubten Vertragserwerbs für einen Dritten auf eigene Kosten. Sehr häufig werden aber die Verträge zu Gunsten Dritter sich unter diesen Gesichtspunkt der activen Delegation mit *negotiorum gestio* für den Delegatar bringen lassen, so wenn ein Onkel für seinen Neffen, um ihn zu beschenken, auf seine eigenen Kosten einen neuen Anzug bestellt. Er erwirbt dann vielleicht für sich eine Forderung und überweist sie dem Beschenkten. Mag das jedoch bei vielen derartigen Geschäften zutreffen, immer trifft es nicht zu und die sogenannte Ableitungstheorie, welche Bähr vor und nach der Veröffentlichung des Entwurfes vertreten hat,[1] ist aus gutem Grunde nicht in das Gesetzgebungswerk aufgenommen worden.[2] Nach ihr erwirbt der Dritte sein Recht immer auf einem Umwege aus dem Vermögen des Ersten, der für ihn die Zusage entgegengenommen hat, als ein abgeleitetes Recht. Bähr mag wohl zu dieser Meinung durch die richtige Einsicht hingeleitet worden sein, dass sie allerdings die Gefährlichkeit der Verträge zu Gunsten Dritter gründlich beseitigt. Wenn nämlich das Recht des Dritten immer aus dem Vermögen des Ersten an ihn kommt, dann liegt auch immer ein Geschäft zwischen beiden vor, das bei Mangelhaftigkeit seines Grundes anfechtbar ist. Dennoch ist Bähr's Lehre in ihrer Allgemeinheit schon darum nicht haltbar, weil weder eine Rechtsquelle noch der Parteiwille sie überall unterstützt. Sie erinnert an die ältere Doctrin, nach der auch bei stellvertretendem Erwerb immer zuerst der Stellvertreter das Recht erwirbt und sein Herr es von ihm ableitet. Schon Bartolus schränkte diese Lehre ein.[3] Er betonte, dass der Stellvertreter beim Eheschlusse keineswegs zunächst für sich ehemännliche Rechte an der Braut erwerben und sie dem Auftraggeber nachher übertragen soll. Auch bei unseren Verträgen zu Gunsten des Vermögens Dritter erscheint die Ableitungstheorie gekünstelt. Wenn ein Mann für seine Frau eine durch ihr Ueberleben bedingte und daher erst nach seinem Tode der Gattin fällige Rente erwirbt, so müsste nach der Ableitungslehre er selbst im Jenseits berechtigt werden und die Wittwe würde genöthigt sein, in den Himmel zu greifen, um von dort ihre Rechte herzuholen, vielleicht sogar in die Hölle.[4] Wenn

[1] Bähr, Dogm. Jahrb. Bd. 6 S. 136. 144. Krit. V. J. Schr. Bd. 30 S. 382 flg.

[2] Vgl. gegen Bähr auch Seuffert's Archiv. X, 152. XXI, 41.

[3] Zu l. 13 § 13 dig. de damno inf. 39, 2. n. 3. Allerdings vertritt Bartolus die richtige Ansicht nur für unübertragbare Rechte.

[4] Ueber die besonderen Anfechtungsgründe der für den Todesfall wirksamen Abreden für ein fremdes Vermögen, vgl. insbesondere Heck,

eine Frau von dem zweiten Gatten sich etwas für die Kinder der ersten Ehe ausbedingt, so müsste dies nach jener Lehre eine nach gemeinem Rechte ungiltige Schenkung unter Gatten sein, aus der die Sprösslinge ihre Rechte nicht herleiten können. Dazu kommt, dass dieser Umweg, welcher eine Zuwendung zunächst an die Vertragspartei bringt und sodann durch eine active Delegation oder durch eine Gesetzesbestimmung zu dem Dritten hinüberschiebt, da unmöglich ist, wo einem Dritten ein unübertragbares Recht erworben werden soll. Wenn ich mir z. B. gegen Baarzahlung für das Grundstück meines Freundes von seinem Nachbar ein Wegerecht ausbedinge, so ist es undenkbar, dass dies Recht zunächst mir zufällt und sodann erst dem Freunde erworben wird.

Neben dem Normalfalle der activen Delegation, in welchem sie eine Novation in sich schliesst, ist zu beachten, dass die römische *delegatio* unter Umständen noch weiter griff. Man nimmt neuerdings mit gutem Grunde an, dass die Ueberweisung eines Schuldners zur Abgabe eines Versprechens an einen Gläubiger nicht immer einen Verzicht auf eine Forderung zu Gunsten eines neuen Berechtigten enthielt, sondern dass der Delegant keineswegs Gläubiger des Delegaten sein musste, der Delegat auch dem Delegatar etwas ganz anderes zusichern konnte, als die Leistung einer bereits bestehenden Schuld an einen neuen Gläubiger, mit anderen Worten, dass die Ueberweisung zur Novation nur eine Unterart der *delegatio* war.

Wenn man eine solche Entwickelung der Delegation aber zugesteht, so darf man nicht davor zurückschrecken, zuzugeben, dass schon das römische Recht den vertragsmässigen Forderungserwerb auf eigene Kosten für einen Dritten in der Form der Delegation anerkannte, unter der Bedingung, dass der Dritte in der Form einer Stipulation mit dem Schuldner, das ist dem Delegaten, dem Geschäfte beitrat. Erwägt man nun aber, dass die in Rom der Stipulationsform bedürftigen Geschäfte in Deutschland formlos geworden sind, so folgt daraus, dass auch wir den Vertrag zu Gunsten des anwesenden und zustimmenden Dritten für ein giltiges Geschäft ansehen müssen, ebenso den Vertrag, bei dem der Dritte nachträglich das ihm zugedachte Versprechen in einer besonderen Zusage des Schuldners von diesem entgegennimmt. Soweit wird wohl auch jeder zustimmen. Nun müssen wir aber auch noch einen

---

Die Lebensversicherung zu Gunsten Dritter, eine Schenkung auf den Todesfall in Kohler's Archiv f. bürgerl. Recht. Bd. IV S. 19 flg.

Schritt weiter gehen. Da schon das römische Recht *negotiorum gestiones* bei dem Erwerbe aus formlosen Verträgen zulässt, so muss bei dem geschilderten Vertrage zu Gunsten des abwesenden Dritten dessen Rolle auch durch einen vierten *negotiorum gestor* ausgefüllt werden können, dessen Thätigkeit dann eine *ratihabitio* des Dritten nachfolgt. Auch dieses wird wohl jeder zugeben. Nun aber endlich kann auch nichts dem im Wege stehen, dass der Erste, der das Versprechen dem Dritten auf seine Kosten abgeben lässt, neben dieser seiner Rolle zugleich diejenige jenes *negotiorum gestor* übernimmt, also die Zusage an den Dritten zugleich verursacht und — vorbehaltlich der *ratihabitio* des Dritten — als dessen unbeauftragter Geschäftsführer entgegennimmt. Hiernach folgt aber die Giltigkeit der Verträge zu Gunsten eines abwesenden Dritten, insofern sie diesem eine Forderung und nicht ein dingliches Recht zuwenden wollen, aus dem römischen Rechte und aus der Umwandlung der in Deutschland aufgenommenen Rechtsgeschäfte, welche in Rom *stipulationes* waren, in formlose Verträge. Dies kann man allerdings annehmen, auch ohne dass man auf den kanonisch-naturrechtlichen Grundsatz Gewicht legt, welcher alle Vertragsinhalte im Zweifel für möglich hält, ja sogar ohne dass man auf den nachrömischen Grundsatz der freien Stellvertretung Gewicht zu legen braucht; denn die Möglichkeit einer unbeauftragten Geschäftsführung mit nachfolgender *ratihabitio* formloser Verträge kennt schon das römische Recht.

Zu dieser Schlussfolgerung aus dem Inhalte der Quellen zwingt uns allerdings die Logik.

Allerdings kommt man bei dieser Begründung der Verträge zu Gunsten abwesender Dritter über das Erforderniss einer *ratihabitio* seitens des Dritten nicht hinaus, welche binnen der Frist erfolgen muss, welche die Abrede der Vertragsgenossen ihr setzt. Die neuerdings herrschende Lehre geht weiter, gestützt auf eines jener deutschen Gewohnheitsrechte, hinsichtlich deren sich der gefährliche Grundsatz eingebürgert hat, dass die blosse Behauptung dem Beweise gleichsteht. Nach dieser Ansicht ist der Beitritt des Dritten überflüssig; ungefragt und ahnungslos erwirbt er ein Recht, von dessen Entstehung und Umfang er oftmals nicht unterrichtet sein kann. Dass eine solche Quelle der Rechtsungewissheit, welche aus einem allgemeinen Bedürfnisse schwerlich hergeleitet werden kann, sich des allgemeinen Beifalls erfreut, erklärt sich daraus, dass der Mensch eine Neigung hat, gordische Knoten mit dem Schwerte zu durchhauen, wenn ihm ihre Auflösung nicht gelungen ist.

Noch immer blieb eine wichtige Frage offen. Die Römer verboten das *alteri stipulari* als gefährlich. Gewährten sie gar keinen Schutz, wenn dies Verbot durch *delegatio* umgangen wurde, wenn der „*alter*“ selbst als *stipulator* auftrat und auf Grund einer *Delegatio* des *Primus* ein Versprechen entgegennahm? Auch in diese Form konnte eine betrügliche Abrede sehr wohl eingekleidet werden. Nehmen wir an, dass jemand zum Schaden seiner Gläubiger einen Schmuck für eine andere Person bezahlt und, ohne eine Forderung auf diesen Gegenstand für sich zu erwerben, den Juwelier anweist, dieser die Leistung des Erworbenen unmittelbar zu versprechen. Allein, wir dürfen auch ohne aus den Quellen einen Rechtssatz entnehmen zu können, welcher für einen solchen Fall das Vorhandensein eines anfechtbaren Rechtsgeschäftes zwischen dem Geber und dem Beschenkten feststellt, diesen Rechtssatz durch eine entsprechende Anwendung oder richtiger eine zulässige Verallgemeinerung des Satzes „*Solvit et qui reum delegat*“ gewinnen. Dieser Satz bedeutet wie soeben ausgeführt worden ist: „Wer seinen Gläubiger unter Aufopferung einer eigenen Forderung dadurch zum Zahlungszwecke bereichert, dass er ihm seinen eigenen Schuldner überweisst, der schliesst mit dem Gläubiger ein Zahlungsgeschäft ab.“ Der Grund dieses Satzes kann nicht in den zufälligen Umständen liegen, dass der Ueberweisende ein Gläubiger des Angewiesenen, das Opfer, welches er brachte, das Preisgeben einer Forderung, der Zweck dieser Aufopferung eine Zahlung ist, auch nicht darin, dass das Versprechen an den Gläubiger dem alten Forderungsinhalte, welcher diesem zustand, gleicht, vielmehr liegt in jenem Satze ein allgemeiner Gedanke: „Wer einen Dritten auf eigene Kosten zu irgend einem Zwecke dadurch bereichert, dass er ihm einen Zweiten als Schuldner zuweist, der schliesst zu eben diesem Zwecke mit ihm ein Geschäft ab.“[1] So aufgefasst begründet der römische Satz die Anfechtbarkeit der gefährlichen Geschäfte auf eigene Kosten für das fremde Vermögen mit einem Dritten durch eine Verhandlung mit einem anderen, insoweit sie in das Gewand der *delegatio* gekleidet waren.

Neben der Delegation kannte freilich das römische Recht noch einige andere Fälle, in denen es jemandem erlaubte auf seine Kosten einem Dritten eine klagbare Befugniss zu verschaffen. So

[1] Vgl. Brinz, Pandekten. 1. Aufl. S. 1628. „Der Stipulator hat dem Dritten im Momente des Contractes eine Forderung zugewendet, gegeben; was an sich von blos provisorischer Natur ist, wird in Einem zum Dare.“

kann bekanntlich jemand die Rückgabe der *dos,* welche er dem Manne bestellt, für die Frau ausbedingen, jedoch nur wenn sie zu seinen Abkömmlingen gehört. Dies wird erlaubt *„favore nuptiarum et maxime propter affectionem personarum“* (l. 45. dig. *soluto matrimonio* 24, 3), also offenbar weil hier persönliche Neigungen gegen die Gefährlichkeit der Abrede ausnahmsweise einen Schutz gewähren. Daher kann auch die *donatio sub modo* zwei Schenkungen in sich enthalten die gewisser Maassen auf einander gestülpt sind (c. 3. Cod. de don. *quae sub modo* 8, 54 (55)). Es kann dem Beschenkten dabei auferlegt sein, einen Theil der empfangenen Gabe oder statt dessen eine gleichwerthige Leistung weiter zu geben. Auch dieses Geschäft ist ungefährlich, weil bei ihm die etwa erforderliche Anfechtbarkeit ausser Zweifel steht, falls es eine solche verdient. Das Darlehn zu Gunsten Dritter enthält, sobald es giltig ist, jedenfalls eine unmittelbare Bereicherung des Dritten auf Kosten des Gebers in Höhe der Darlehnssumme, eine Bereicherung, welche wenn sie grundlos ist, zurückgefordert werden kann.

Ausserdem marschiren in unseren Lehrbüchern noch einige andere Geschäfte als ausnahmsweise giltige Verträge zu Gunsten Dritter auf, welche bei Lichte betrachtet, nur gewöhnliche Stellvertretungen sind, weil bei ihnen die Mittelsperson keinerlei Aufwand macht, keinerlei Kosten verauslagt. Dahin gehört der Fall, dass jemand eine fremde Sache ausleiht oder hinterlegt, damit sie ihrem Eigenthümer zurückgegeben werde, ferner die Uebergabe einer Sache an einen anderen, damit sie einem Dritten überbracht werde.[1] Dass ein Vermögensverwalter,[2] der für seinen Herrn Vortheile ausbedingt, nichts ist, als ein gewöhnlicher Vertreter, bedarf wohl nach dem oben Ausgeführten keines ferneren Beweises.

Weiter ist das römische Recht in der Zulassung des Vermögenserwerbes für andere auf eigene Kosten nicht gegangen. Namentlich kann nicht zugegeben werden, dass nach seinem Inhalte, jeder, der eine Sache gegen Rückgabeversprechen hin-

[1] Richtig aufgefasst von Garcis a. a. O. S. 130, dagegen m. E. mit Unrecht Windscheid § 316 Anm. 7a, vgl. l. 5 § 4 (6 § 2) dig. de neg. gest. 3, 5.

[2] Auch ihn zählt Windscheid zu den Contrahenten zu Gunsten eines Dritten. Pand. § 316 Anm. 11. l. 5 § 9 d. 13,5 de pec. cst. 13,5. l. 10 § 2. l. 18 § 1, de pactis 2, 14. Ein Vertreter ist m. E. auch der Pfandgläubiger, der bei dem Pfandverkaufe dem Pfandschuldner ein Wiedereinlösungsrecht vorbehält. l. 13. pr. dig. de pign. act. 13, 7.

giebt, die Rückforderung statt für sich, auch für einen Dritten erwerben konnte, und auch nicht, dass es allgemein erlaubt war, bei einem jeden zweiseitigen Geschäfte die Gegenleistung für das gemachte Opfer ohne Weiteres in ein fremdes Vermögen hinüberzuspielen, also z. B. die Forderung auf eine bezahlte Sache einem Dritten unmittelbar zu verschaffen. Gerade diese Geschäftsformen sind die aller gefährlichsten.

Diesem römischen Verbote der Verträge auf eigene Kosten für fremde Vermögensmassen entstand sein gewaltigster Feind nicht, wie man meint, in der Zulassung von Vertretungen Abwesender; denn in der Abwesenheit des Dritten liegt nicht die Gefährlichkeit der besprochenen Abreden, sondern in ihrer eigenthümlichen Zerspaltung der zweiseitigen Geschäfte unter drei Personen, mit anderen Worten in der Zulassung ihrer eigenthümlichen *causa*, ihres verabredeten Verpflichtungszweckes. Erst dadurch, dass die Lehre von der unbeschränkten Vertragsfreiheit das römische Vertragssystem zertrümmert hat, wurde das geschilderte römische Vertragsverbot ernstlich angefochten. So namentlich wird in der Doctrin an der Gültigkeit der Verträge zu Gunsten eines anwesenden zustimmenden Dritten auf eigene Kosten nicht gezweifelt. Die Praxis würde aber, wie schon oben ausgeführt worden ist, auch hier wohl dem römischen Gedanken Rechnung tragen, wo das Bedürfniss es erheischte. Darum braucht man freilich noch keineswegs am römischen Rechte festzuhalten. Viel näher liegt es vielmehr sein allgemeines Verbot des Vermögenserwerbes für einen anderen auf eigene Kosten dahin umzukehren, dass seine Regel zur Ausnahme gemacht wird, die Gefährlichkeit der genannten Geschäfte nur da einen Anfechtungsgrund gewährt, wo sie vorhanden ist, indem man das, was schon im römischen Rechte bei den oben erwähnten Delegationen galt, verallgemeinert. Das römische Recht liess überhaupt nur solche Verträge zu, die es besonders anerkannte, darum gestattet es nur ausnahmsweise ungefährliche Verträge zu Gunsten Dritter auf eigene Kosten. Das heutige Recht lässt alle Verträge zu, die es nicht verbietet, darum sollte es von Rechtswegen nur noch ausnahmsweise die gefährlichen Verträge zu Gunsten Dritter verbieten oder anfechtbar machen. Es liegt hier ähnlich wie bei den Transmissionen im Erbrecht. Diese sind nach Windscheid's bekanntem Ausspruch (Pandekten § 600) Ausnahmen, welche im Grunde die Regel aufheben. Dass es mit den Verträgen zu Gunsten Dritter sich nicht viel anders verhält, hat schon Carpzov richtig bemerkt.[1] Man kann also hier über das römische Recht allerdings hinauskommen, wenn man das Verbot der Verträge zu Gunsten Dritter einfach zu einer Anfechtbarkeitsvorschrift herabmindert, d. h. den Grundsatz aufstellt, dass unsere Verträge auf eigene Kosten für ein fremdes Vermögen ebenso anfechtbar sein müssen, wie unmittelbare Zuwendungen und zwar sowohl dem Bereicherten gegenüber als auch, solange der Vertrag noch nicht erfüllt ist, der unbetheiligten Vertragspartei, von der wir uns auf unsere Kosten ein Recht für den Dritten haben zusichern lassen.

Wäre das Verbot der besprochenen Verträge wirklich nur die Ausgeburt einer römischen geistigen Beschränktheit oder einer heidnischen Herzlosigkeit, wie käme es wohl, dass es noch heute aufrecht erhalten wird, nachdem schon der Glossator Martinus es als veraltet bezeichnet hatte? Etwas Vernünftiges muss doch wohl dahinter stecken. Auch im preussischen Rechte, das jene Verträge grundsätzlich zulässt, sobald der Dritte nur später beitritt, haben sie keine grosse Verbreitung.[2] Der gesunde Sinn des Volkes sträubt sich gegen den Glauben an die Zulässigkeit eines so gefährlichen Mittels zur Schädigung des Gläubiger und zur Umgehung der Schenkungsvorschriften und sonstiger Vertragsverbote. Auch die Wissenschaft hat durch ihre grosse Verworrenheit der guten Sache unfreiwillige Dienste geleistet, indem sie gerade hinterlistige Vertragsparteien davor zurückschreckte, auf einen von Streitfragen so sehr durchwühlten Boden zu treten. Wir dürfen uns der Hoffnung hingeben, dass, wenn der Entwurf zum Gesetze erhoben würde, diese heilsame Ungewissheit andauern und einen Ersatz für die fehlende ausdrückliche Anfechtbarkeitsvorschrift gewähren wird; denn leider ist sein Inhalt auch hier nur allzusehr ein getreues Spiegelbild der Unklarheit unserer Litteratur. So heftig er auch gerade hinsichtlich des hier erörterten Rechtszweiges angegriffen worden ist, den eigentlich wunden Punkt, die Gefährlichkeit der Abreden für Dritte auf eigene Kosten, hat niemand berührt. Statt dessen tadelt man den Entwurf, weil er das Vorhandensein einer Abrede zu Gunsten eines Dritten von dem Parteiwillen abhängig macht,[3] als ob es denkbar wäre, eine solche Vertragsfolge ohne eine ausdrückliche

---

[1] Jurispr. for. p. II. const. 29. def. 20. Nr. 18. 19.

[2] § 74—77 A. L. R. I, 5.

[3] Vgl. Giercke, Der Entwurf eines b. G. Leipzig 1889. S. 220 und die dort Angeführten. (Anm. 3).

oder selbstverständliche (d. h. von der Verkehrssitte gesetzte) Parteibestimmung anzunehmen. Oder soll etwa wirklich jeder, dem ein fremder Vertrag vortheilhaft ist, aus ihm klagen können? Sollen wir auf die Anlegung einer Pferdebahn klagen können, die an unserem Hause vorbeiführt, wenn wir mit dem Unternehmer des Baues in keine Verhandlung getreten sind? Oder sollen die Gastwirthe einer Stadt, in der die Abhaltung einer Naturforscherversammlung verabredet war, auf die Ausführung dieses Planes klagen dürfen? Nur wo dem Dritten ein Klagerecht zugedacht ist kann er es verlangen, wie sollte es sonst wohl dazu kommen?[1] Ob es ihm aber zukommt, das ist, wie wir sahen, Sache der Vertragsauslegung und diese klammert sich bekanntlich bei diesen Abreden, wie bei allen anderen, nicht bloss an das wirklich von den Parteien Gedachte, sondern ergänzt es aus der Verkehrsitte, und wo auch diese schweigt, da ist eben nichts bestimmt. Diese bekannten Grundsätze, deren Gemeingültigkeit nicht bestritten ist, hat man auffallender Weise gerade bei den Verträgen zu Gunsten Dritter bemängelt, insoweit bei ihnen der Richter den Wunsch, dem Dritten ein Recht zuzuwenden, als Vertragsinhalt feststellen muss. Bähr[2] meint: „Man könne ebenso gut den Richter anweisen, die Zulassung eines Klagerechtes von der Erforschung abhängig zu machen, ob auf dem Sirius lebendige Geschöpfe wohnen.“ Diese Begründung beweisst zu viel. Wäre sie wirklich durchschlagend, so dürfte der Richter überhaupt nicht selbstverständliche Vertragsbestandtheile aus der Verkehrssitte ergänzen; denn bei ihnen allen ist es meist zweifelhaft, ob die Parthei an sie gedacht hat oder nicht, genau so zweifelhaft, wie die von Bähr beispielsweise angeführte überirdische Bevölkerungsfrage.[3]

Die Verkehrssitte allein kann hier, wie sonst, zu einer vernünftigen Vertragsauslegung verhelfen und sehr mit Unrecht tadelt man den Entwurf deshalb, dass er die Versprechen der Leistung an den Dritten nicht mit *leges dispositivae* noch besser ausstaffirt hat. Meines Erachtens hat er hier eher des Guten zu viel gethan. Wie Laband[4] der sich selbst gerade über die

---

[1] Gareis a. a. O. S. 269 spricht mit Recht von einer gewollten Reflexwirkung bei diesen Verträgen.

[2] Krit. V. J. Schr. Bd. 30 S. 383, vgl. auch Cohen, Die Verträge zu Gunsten Dritter. Rostock 1891. S. 66.

[3] Gegen Bähr's Auffassung der Verträge zu Gunsten Dritter, vgl. noch Regelsberger im Archiv f. civ. Prax. Bd. 67 S. 4—10.

[4] Archiv f. civ. Pr. Bd. 74 S. 39, vgl. daselbst S. 41 flg.

Dürftigkeit des Gesetzbuchinhaltes beschwert, durch treffende Beispiele darlegt und auch von Stobbe[1] bemerkt worden ist, sind die Verträge zu Gunsten Dritter so verschiedener Art, dass sich vernünftiger Weise eine allgemeine Auslegungsregel für sie alle nicht aufstellen lässt. Eine solche könnte nur ein Procrustesbett sein, in welche eine ziellose Verallgemeinerungssucht die verschiedensten Dinge hineinpresst. Am Besten wäre es gewesen, wenn der Entwurf eines bürgerlichen Gesetzbuches für das Deutsche Reich sich darauf beschränkt hätte, einen einzigen Satz aufzustellen und zwar im allgemeinen Theile, nicht bei den Forderungen: „Verträge, in denen jemand auf seine Kosten einem Dritten die Gewährung eines Rechtes oder die Befreiung von einer auf seiner Sache ruhenden dinglichen Last ausbedingt, sind, gleichviel ob er selbst oder der Dritte hieraus klageberechtigt werden soll, aus denselben Gründen anfechtbar, aus denen eine unmittelbare Zuwendung an den Dritten es sein würde.“[2] Was darüber ist, das ist vom Uebel, so z. B. die Vorschrift, dass im Zweifel nicht blos der Dritte, für dessen Vermögen etwas versprochen ist, ein Klagerecht bekommen soll, sondern neben ihm auch der Empfänger des Versprechens (§ 412, 2). Dies passt bisweilen, bisweilen aber auch nicht, und überhebt den Richter nicht im einzelnen Falle der Mühe der Vertragsauslegung. Auch die in Vorschlag gebrachte Zusatzbestimmung, dass der Empfänger des Versprechens für einen Dritten im Zweifel an dessen Stelle treten soll, wenn dieser das Recht nicht haben will, würde zweckloser Weise einfach aus der Luft gegriffen sein. Man glaube nur nicht, den Zweifeln der Vertragsauslegung dadurch steuern zu können, dass man den Kopf des Richters mit allerhand

---

[1] Handbuch des D. Priv. R. Bd. III. 2. Aufl. S. 114.

[2] Dieser Satz ist nicht nur nicht aufgenommen, sondern, wie es scheint, sogar in den Motiven verworfen worden, vgl. Bd. II S. 269: „Jedenfalls kann und darf aber aus den Vorschriften des Entwurfes nicht gefolgert werden, dass die Bestimmung zu Gunsten des Dritten stets als ein besonderes von dem Vertrage losgelöstes Rechtsgeschäft und der Promittent stets als derjenige zu betrachten sei, von welchem die Zuwendung an den Dritten ausgehe, sofern nicht ein Anderes bestimmt worden.“ — Auf die Schuldübernahme und auf die Zahlung fremder Schulden aus eigenen Mitteln möchte ich das Gesagte nicht ausdehnen. Auch diese Geschäfte können den Gläubigern gefährlich werden; so z. B. wenn jemand aus Bosheit gegen seine eigenen Gläubiger diejenigen seines Freundes mit seinen letzten Mitteln befriedigt. Diesen letzteren steht dann, wenn sie redlich sind, der Umstand zur Seite, dass auch sie nur ein Recht ausgeübt haben. (*Qui jure suo utitur nemini facit injuriam*). Hier gilt das: *ille enim suum recepit* der lex. 21 dig. de donat. 39, 5.

allgemeinen Regeln anfüllt, die er doch nicht anwenden soll, wenn sie ihm nicht passend scheinen. Die Auslegungsstreitigkeiten bei den Verträgen zu Gunsten des Vermögens eines Dritten wie bei anderen Abreden können ebenso wenig aufhören, wie Sommer und Winter, Frost und Hitze, Tag und Nacht, und unbillig würde es sein, von dem Gesetzgeber zu verlangen, dass er dieses Danaidenfass vollschöpfen soll.[1]

In dem Vorwurfe, dass der Entwurf gar zu viel dem Parteiwillen, mit andern Worten der Vertragsauslegung überweist, liegt trotzdem ein wahrer Kern. Es giebt gewisse Dinge, welche dem Parteiwillen nicht überlassen werden können, und andere, die ihm nicht überlassen werden sollen. Zu den ersteren gehören alle thatsächlichen Wahrheiten, welche vom menschlichen Willen unabhängig sind. Zu ihnen ist auch die Antwort auf die folgende Frage zu stellen: „Soll der Zustand des Dritten, der sich noch nicht entschieden hat, ob er das ihm ausbedungene Recht haben will, ein Recht genannt werden oder nicht?“ Die Motive aber halten die Frage, ob der Dritte vor seiner Entscheidung ein suspensiv-bedingtes oder ein resolutiv-bedingtes Recht hat, alles Ernstes für eine praktisch wichtige, ja sogar der gesetzgeberischen Entscheidung würdige,[2] und der Text schiebt diese Entscheidung dem Privatwillen zu. Nun ist es bekanntlich eine wissenschaftliche Streitfrage, ob ein Recht unter der Bedingung *„si voluero“* nicht einfach als ein unbedingtes Recht zu erachten ist, und die Antwort auf diese Frage kann durch den Willen eines Gesetzgebers oder den Willen einer Partei ebenso wenig bestimmt oder geändert werden, wie der Satz, dass zweimal zwei vier ist. Wenn irgendwo, so gebührt hier dem Gesetzgeber der Ruhm des Schweigens.

Aber noch in zwei andern Punkten hätte der Entwurf bei seinem „Versprechen der Leistung an den Dritten“ den Parteiwillen aus dem Spiele lassen sollen, weil bekanntlich das Parteibelieben da aufhören soll, wo etwas *contra bonos mores* bestimmt ist. *Contra bonos mores* ist aber nicht bloss, wie viele irriger Weise lehren, das Unsittliche, sondern schon das den guten Sitten Gefährliche. Dahin rechne ich die vom Entwurfe (§ 414) gebilligte Abrede, bei der die Vertragsparteien sich das Recht vorbehalten, den Vertrag unter sich auch dann aufzuheben, wenn er bereits dem Dritten zum Beitritte angeboten worden ist und dieser die

[1] Vgl. jetzt auch Windscheid, Die indirekte Vermögensleistung. S. 8 Anm. 1.

[2] Bd. II S. 267 flg.

Antwort noch nicht versäumt hat, ja sogar dann, wenn der Dritte sein Recht schon fest erworben hat. Hier macht der Entwurf einen zweifellosen Rückschritt gegenüber dem preussischen Landrechte (vgl. A. L. R. I, 5 § 76, 77). Noch bedenklicher erscheint die Möglichkeit, abstracte Verträge zu Gunsten des Vermögens eines Dritten so abzuschliessen, dass dem Dritten keine Einrede aus dem Geschäftsgrunde entgegengesetzt werden kann (§ 416). Der Entwurf lässt bekanntlich das gefährliche formlose Versprechen zu, aber nur unter der Bedingung der Schriftform (§ 683). Die letztere Formvorschrift würde aber mit Leichtigkeit dann zu umgehen sein, wenn ein Gläubiger für sich die abstracte Schuldforderung durch eine beliebige Hülfsperson mündlich ausbedingen liesse. Das gewöhnliche abstracte Schuldversprechen soll ferner, wenn es unter zwei Personen schriftlich abgemacht ist, nicht gänzlich einwandfrei sein (§ 684). Liesse Jemand sich dagegen als Dritter eine solche abstracte Schuldforderung durch den Vertrag eines Freundes herstellen, so dürfte dieser nach dem Entwurfe ausbedingen, dass eine völlig gegen Einreden geschützte Forderung begründet werden soll. Ein Wucherer würde sich also zu Gunsten einer *persona imposita*, die mit ihm unter einer Decke steckt, eine abstracte Forderung auf die Wucherzinsen ausbedingen dürfen, welche vom Schuldner nicht einmal einredeweise als das bezeichnet werden könnte, was sie ist. Hier hat die Blindheit gegenüber den Gefahren der Zulassung von Verträgen zu Gunsten des Vermögens eines Dritten den Entwurf dazu gebracht, eine gefährliche Duldsamkeit gegen gemeinschädliche Geschäfte an den Tag zu legen.

Das Ziel, welches sich die vorstehenden Ausführungen steckten, ist erreicht. Die Gefährlichkeit der Verträge für das Vermögen eines Dritten auf eigene Kosten ist dargestellt. Die Gebote der Logik dienten uns dabei, um mit Kant zu reden, nicht als Organon, wohl aber als Kanon; denn die Verworrenheit der Wissenschaft erwies sich als die Ursache des Umstandes, dass man den wahren Zweck des römischen Rechts übersah. Um einen Rechtssatz zu schätzen, muss man ihn zunächst aus der Verwechselung mit ähnlichen Normen herausschälen. Diese lag vor allem an der üblichen Unklarheit über den Begriff der Beihülfe zu Rechtsgeschäften und an der gänzlichen Scheidung der Stellvertretungen und der Verträge zu Gunsten Dritter, welche doch nichts als besondere Fälle einer Geschäftsbeihülfe sind. Wie man aber zu dieser Verwirrung kam, trat klar zu Tage: man wollte die freie Stellvertretung zulassen, aber nicht alle Abreden für abwesende Dritte gestatten. Dadurch wurde die Aufmerksamkeit von dem wahren Wesen des Vertrages für das Vermögen eines Dritten abgelenkt. Man übersah den Begriff der Vertragsbeihülfe und die unbedingte Zulässigkeit der stellvertretenden *negotiorum gestio*, man übersah die Gleichartigkeit der Gefahr der Verträge für anwesende und derjenigen für abwesende Dritte. So kam man auf Irrwege. Entweder glaubte man, dass die Römer sich eine Trennung der Vertragsfolgen von den Trägern der Vertragsverhandlungen nicht haben denken können, dass also die Geisteskraft eines Ulpian oder Papinian hinter derjenigen unserer rechtsunkundigen Zeitgenossen zurückstand, oder man erblickte in der Strenge des römischen Rechtes das Kennzeichen eines sittlichen Mangels. In Wahrheit war aber das Verbot der besprochenen Verträge nicht eine Folge unzureichender Denkfähigkeit oder ungenügender Menschenliebe, sondern eine auf Menschenkenntniss gegründete Vorsichtsmassregel, die als eine Grundsäule die Redlichkeit des Verkehrs stützte. Die Grundsäule war vielleicht plump und scheint uns jedenfalls altmodisch. Allein es geht nicht an, sie in kurzsichtigem Zerstörungstriebe wegzureissen, ohne an einen Ersatz zu denken. Wer diesen Tragpfeiler wegnehmen will, der muss ihn durch eine gleichwerthige Stütze entbehrlich machen. Diese liegt aber in einem Gegengewichte gegen die Folgen des gefährlichen Geschäfts durch eine Erhöhung seiner Anfechtbarkeit, wie sie das römische Recht bei den Delegationen kannte. Was, wie wir sahen, im Entwurfe des deutschen Reichsgesetzbuches bei Anweisungen bestimmt ist (§ 609), bedarf hiernach der Verallgemeinerung entweder durch die Gesetzgebung oder durch die auslegende Rechtspflege. Selbst wenn aber die besprochenen Geschäfte nur von geringer Gefährlichkeit sein würden, weil die Kunst, sie zu missbrauchen, der rechtsunkundigen Masse verschlossen bleiben sollte, so müsste doch die Würde des Gesetzgebers oder Rechtspflegers es ihm verbieten, durch die Annahme einer Unanfechtbarkeit dieser Zuwendungen die Rolle eines betrogenen Kadis auf sich zu nehmen. Der Staat darf nicht in einem Athem Verbote erlassen und selbst die Mittel zu ihrer Umgehung gewähren. Sonst gleicht er einem Manne, der sein Haus gegen Diebe vorsorglich verschliesst, aber dabei ihnen doch eine Leiter an das Fenster stellt, auf der sie bequem einsteigen können. Wenn die Leiter durchaus dort stehen bleiben soll, so muss er wenigstens für gute Fensterläden sorgen. Der Vertrag für das Vermögen eines Dritten auf eigene Kosten ist eine solche Leiter, darum muss ihm eine sichere Schutzwehr gegenüber gestellt werden und diese ist die Möglichkeit seiner Anfechtung im vollen Umfange seiner Gefährlichkeit, also seine Anfechtbarkeit aus den Beziehungen des Dritten zu demjenigen, der ihn durch eine Abrede auf eigene Kosten bereichert.

Die Jurisprudenz ist eine Verbindung zwischen den lebendigen Bedürfnissen des täglichen Lebens und den überlieferten Grundsätzen der Vergangenheit. Sie befriedigt nicht jedes Schutzbedürfniss, sondern nur dasjenige, dem das Gesammtwohl zur Seite steht. Dies letztere ist aber eine Grösse, welche nur aus der Geschichte erkennbar ist. Die Erfahrung vergangener Geschlechter ist es, die dem nimmersatten Begehren der Zeitgenossen ein: „Bis hierher und nicht weiter“ entgegenruft. Nur darf hier nicht das Recht einer längst entschwundenen Epoche der letzte Schluss der Weisheit sein. Das Recht Justinian's kann nur noch soweit in Betracht kommen, als die spätere Zeit es nicht umgewandelt hat. So liegt es auch hier. Das Volksbedürfniss der Gegenwart verlangt einen allgemeinen Schutz der Verträge zu Gunsten des Vermögens Dritter; die Quellen des römischen Rechts versagen ihn für die Zeit ihrer Entstehung wegen der Gefährlichkeit dieser Geschäfte. Sie konnten ihn aber nur deshalb versagen, weil sie den Grundsatz der Freiheit des Vertragsinhaltes noch nicht kannten. Das Recht der Gegenwart musste dagegen diese Bahnen verlassen; doch ziemt es noch jetzt, die Lehren, welche das römische Recht giebt, auch hier zu beachten. Dadurch allein können wir die Bedürfnisse des Tages mit den Erfahrungen der Vorzeit versöhnen und „durch das römische Recht hindurch über das römische Recht hinaus gelangen“ auf dem Wege, welchen die Rechtsgeschichte uns vorgezeichnet hat.

Verlag von VEIT & COMP. in Leipzig.

# HANDBUCH
der
# URKUNDENLEHRE
für Deutschland und Italien.

Von
**Harry Bresslau,**
o. ö. Professor an der Universität Strassburg.

**Erster Band.**

gr. 8. 1889. geh. 20 M.

Das vollständige Werk wird aus zwei Bänden bestehen. Der zweite (Schluß-) Band befindet sich in Vorbereitung; er wird die Spezialdiplomatik der Papst- und der deutschen und italienischen Königsurkunden enthalten.

# Allgemeines Deutsches Handelsgesetzbuch
(einschließlich des Seerechts)
# Allgemeine Deutsche Wechselordnung
nebst den ergänzenden Reichsgesetzen.
Mit ausführlichem Sachregister.

Herausgegeben von
**Dr. Emil Friedberg,**
Königl. Sächs. Geh. Hofrath und o. Prof. der Rechte an der Univ. Leipzig.

**Zweite,** um einen Nachtrag vermehrte Ausgabe.
8. 1891. Preis geb. in Ganzl. 4 M.

# Römische Rechtsgeschichte.
Von
**Dr. Otto Karlowa,**
o. ö. Professor an der Universität Heidelberg.

Erster Band.
**Staatsrecht und Rechtsquellen.**

Roy.-8. 1885. geh. 26 M.

**Der zweite (Schluss-)Band erscheint 1892.**

# Lehrbuch
der
# Deutschen Rechtsgeschichte.
Von
**Dr. Richard Schröder,**
o. ö. Professor an der Universität Heidelberg.

Mit einer Abbildung im Text und vier Tafeln.
Lex. 8. 1889. geh. 20 M, geb. in Halbfr. 22 M 50 Pf.

Druck von Metzger & Wittig in Leipzig.

FSC
www.fsc.org
MIX
Papier | Fördert
gute Waldnutzung
FSC® C083411

Kolibri 360 GmbH
Ferdinand-Jühlke-Straße 7
99095 Erfurt, Deutschland
produktsicherheit@kolibri360.de